NF文庫
ノンフィクション

海軍兵学校生徒が語る太平洋戦争

日中・日米戦の舞台裏

三浦 節

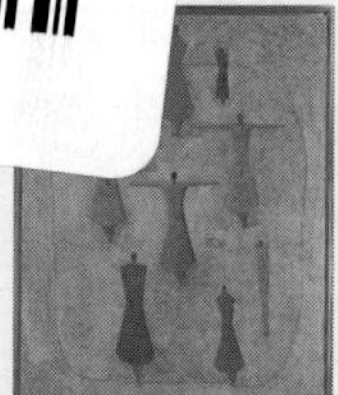

潮書房光人社

序にかえて

私はここ八年間、海兵七〇期の会誌に大東亜戦争に関する小論を発表してきた。今年（平成十九年）三月に七七期六〇名ほどの方々にその一端を報告した。それを聞いていた青木一郎君が、ぜひ若い人に読ませたいといったのが端緒になり、この拙著が出来上がった。青木君と元就出版社の浜さんのお陰である。

第一次世界大戦後のアジアにおける国際秩序を支えてきたのは米英が主宰するワシントン条約体制であったが、その米国は帝国主義路線にのって西に向いていた。ロシアは革命を経た二年後、一九一九年に国際部コミンテルを結成して、中国共産党を支配していた。その戦略は欧州より先に中国を支配することにあった。

この二つの勢力のいずれにとっても日本は政略上、上手に捌きたい強国であった。欧州にはナチス・ドイツが壮大な陸空軍を擁した。ジョージ・ケナンのいうようにロシアのスターリンがヒトラーと組むか、ルーズベルトと組むかで第二次大戦の雌雄が決するという展開になっていた。日本はこうしてスターリン、ルーズベルト、ヒトラー三者の飽くなき権謀術数の渦中に立っていた。

戦後、「日本は軍部が主導して侵略戦争を断行して無残に負けた」と世の多くは切り捨て続けている。もう六〇年有余を経ている。

私はこの戦争の本当の姿を確かめたい。我が七〇期は四三二名が入校して生き残ったのは一四六名、その戦死率六六パーセントは兵学校卒業者中トップである。

自衛の精神に燃えて戦った級友の遺影を繰るごとに目が熱くなる。私には英霊に歴史の真実を報告する務めがある。

著　者

海軍兵学校生徒が語る太平洋戦争——目次

海軍兵学校生徒が語る太平洋戦争

——日中・日米戦の舞台裏

第二次世界大戦私観

米国外交官ジョージ・F・ケナンがその著『アメリカ外交五〇年』の第二次世界大戦の項でいっている。

「大戦の開始前、世界の陸軍力と空軍力の圧倒的部分が、ナチス・ドイツ、ソビエトロシア及び日本帝国という三つの政治勢力の手に集中されていた。これらの勢力は、どれも西側民主主義に対して深刻な敵意を抱いていた。もしこの三国がその勢力を結集し、緊密な軍事的計画を持つならば、残された西側諸国はヨーロッパ及びアジア大陸に於いては、彼等を撃破する希望は全く持てなかった。この全体主義国のうち日本のみが、他の全体主義国の何れかの援助を借りずに、民主主義陣営によって撃破し得た国であったろう。ドイツとロシアの場合、両国が一緒になればこれを撃破することは不可能であったし、民主主義陣営がその何れかと協力する場合にのみ、これを撃破することが可能であった。私はこのことが西側の政治家によって看取されていたと主張しているのではない。私はそれが一つの現実であったと信じている」

小論末尾につけた大きな出来事の歴史的関連表を見て頂きたい。

①フランクリン・デラノ・ルーズベルトは、一九三二年十一月、ニューヨーク州知事から民主党で大統領選に立って当選、一九三三年三月に就任、コーデル・ハルを国務長官に任命した。ハルは長官の椅子に座るや、ロシアは承認さるべきや否やについて多くの人の意見を聞き、英国始め外国の友人のアドバイスを求めた。

ヴォルシェヴィーキが一九一七年政権をとって以来一六年間、米・ロ外交関係は全く途絶えていてフーバー前共和党政権は考慮の末、承認しない方針をとった。英・仏・独・伊はすでに承認していたが(日本もこのグループに入る)、その後の関係はかならずしも良好とはいい難い。

調査の上、ハルはルーズベルトに意見書を書いて承認をすすめた。曰く、多くの人が反対の意見を持っているが、我々は大戦終了時まで友好関係にあった。今や世界は欧州でもアジアでも危険な時期に向かっている。ロシアはかかる時期にあって、平和が脅かされればされるほど、事態安定のために大きな助けになり得ようと。

ルーズベルトは躊躇することなく賛成したばかりでなく、自らスターリン宛てに親書を書いて、貴国代表を招いて討議のうえ、纏まったら合意書に署名しましょうと申し送った。

結局合意書は、一九三三年十一月十六日に調印された。両国は大使を交換して外交関係を再開すると共に通商の進展がはかられた。但しロシア側の債務問題、コミンテルン活動の米国内での抑制問題は容易に片付かなかったという。ハルの回想録を読むと、単に外交の関係の復活にとどまらず、はっきりと国際政治的配慮が払われていることが判る。

アジアの日本は一九三一年九月満州事変、翌三月満州国独立宣言、九月日本これを承認、十月にはリットン報告書発表という情勢下にあった。

ルーズベルトは共和党からわざわざスチムソンとノックスを引っ張ってきて、それぞれ陸軍長官と海軍長官にすえた。スチムソンは満州事変が起きるや当時の国務長官として強く不承認政策を宣明したが、当時のフーバー大統領は強硬論者に組せず、「ワシントン条約をしっかりと守って忍耐してきたが、中国の大半はヴォルシェヴィーキ化して満州は無政府状態に陥った。この秩序を回復するには九ヵ国条約調印国が我々に協力するか、我々が自己保存のためにそれを行なうかである」と日本が主張したらどう返事をするのか、と彼に諮問したといわれている。しかしルーズベルトは新国務長官ともども、就任するや直ちにスチムソンドクトリンを継承して、強い態度でスタートした。

②手許に元参謀本部のロシア班長であった甲谷陸軍中佐の戦後したためた手記がある。ソ連は一九三一年の満州事変勃発によって、日本が活発に大陸に進出し始めたので、対日関係の平和調整を急ぐことになった。それが不可侵条約の提案となり、日本が拒否するや、さらに北満鉄道譲渡の提案となって現われた。

それと同時に、一九二八年に始まった第一次五ヵ年計画を完遂して国力のついてきたソ連は、満ソ国境の兵力を増強し、一九三二年前半頃にはほとんど毎月一個師団の割合で兵力を増加しなければならなかったほどで、戦車や航空機の数もそれにつれて急速に増大して極東ソ連領に展開したその兵力は、関東軍の総兵力に比べて、はるかに優勢なものに達した。

その上にソ連は一九三三年春頃から満ソ国境の全正面にわたって鉄筋コンクリート製の堅固なトーチカ陣地の構築を始め、特に沿海州方面ではこうしたトーチカ陣地帯の後方に重爆撃部隊用の大飛行場を幾つも設営して、続々と四発爆撃機が送られてきた、と述べられている。


さて米・ソ署名が終了して、最初の駐ソ米国大使ビル・ブリット（William C. Bullitt）がモスクワに到着したら、スターリンが迎えに出て幕僚本部長エゴロフ陸軍大将（chief of staff General Egorov）を彼に紹介して、『この人は日本が我々を攻撃した時に、ソ連陸軍を指揮してこれを撃破する予定の人です』といった。そしてさらに『米国製の鉄道レールを二五万トン供給して下さい。これがなくても日本との戦争には勝てますが、これがあればもっと容易に勝つことが出来ようというものです』。

ブリット大使の報告によれば、日本がソ連を攻撃することは間違いないと政府のみんなが考えている。ドイツによる近い将来の侵略はこわくないが、もし日本の攻撃と併せて行なわれたら、戦闘は二年間続くだろうと。交渉のためにワシントンへやってきたリトビノフは、ドイツは日本と手を組んでソ連を攻撃するだろうと語った。

この頃の日本とソ連の間はこんなはりつめた雰囲気であって、ハルはその回想録の中で、それは日露戦争直前の情勢に酷似していたと書いている。

③ルーズベルトが米国の大統領になったこの一九三三年は、欧州ではヒトラーが総統になった年である。ヒトラーは一月に就任して、十月には早々に国際連盟を脱退した。欧州はヴェルサイユ条約の航跡の上に住んでいるから、ナチス、ヒトラーの出現と行動は異常な雰囲気を呼んでいた。ルーズベルト就任後すぐに、ソ連は承認さるべきや否やを取り上げさせる環境が欧州に出来上がっていたとみるべきである。

米国の極東政策をして九ヵ国条約を守るべしとする法律論的スチムソン主義を、直ちに継承させた裏に、ジョージ・ケナン的命題が潜んでいたことを、この段階で明示した記録は見つからない。しかし間もなく偉大な友邦（ルーズベルトの言葉）になりそうな感じのソ連にとっての敵（そのことは上記の通り充分な記録がある）日本は、すなわち米国の敵であるという思考は明快である。

ルーズベルトが日本を蔑視して、中国に近親感を持っていたとする説明も、ルーズベルトの身辺にモルゲンソー、ホワイト始め社会主義者が大勢いたから、彼の政策は親ソ的であったとする説明も、その通りであろうが、政策決定の梃子《てこ》としては決定的な説得力に欠けると思う。

④一九三三年五月三十一日、満州事変にかかわる塘沽《タンクー》停戦協定が成立して、日中両国政府の間で調印された。参謀本部はこの先満州建設に集中すべしという方針であったといわれている。

一九三五年になって天津軍は、華北五省の分治工作を開始した。中国にとって資源に富む意味からも、華北は満州よりも切実で重大な問題であったし、米英にも深刻な懸念を巻き起こした。ハルは一九三五年末、第二次ロンドン軍縮会議の米側団長として出席し、会議の冒頭、中国北部における情勢が異常である旨強い警告を発した。

回想録には、日本の華北における陰謀は重大な問題であると記している。そして一九三七年七月七日、蘆溝橋（Malco Polo Bridge）事件が発生、すったもんだの末に日本政府は三個師団を増派、実質日中戦争に突入してしまった。

ハル回想録の見出しは、「日本突っ込む」とある。米英意見交換の上、ブラッセル会議を開いてソ連も招請、九ヵ国条約を基礎に討議したが結論を得ず、参加しなかった日本に再度招請を行なったが、日本は中国との間で自ら解決すると返事して応じなかった。こうした米国や国際連盟の動きに失望した中国は、この年八月十三日、中ソ不可侵条約を結んで、ソ連に依存の姿勢を示し、ソ連は十月から香港・新経由で中国国民党に援助を開始した。

十月五日、西海岸へ旅行中のルーズベルトがシカゴで有名になった隔離演説を行なった。「世界に無法者という伝染病が拡がっているから、こういう人は隔離病院に入れないと危険である」とスピーチをしたら大統領は事を戦争に訴えるつもりであると、大反対の全国的キャンペーンが巻き起こった。

米国の孤立主義の勢力の強さに驚くが、この時期ルーズベルトが原稿にも入っていなかった、隔離病院（quarantine）の一節をしゃべったのは、しかし、国際連盟や米国の動きに不満足で、孤立感を味わっていたであろうスターリンに対する、彼のいわばラブコールでもあったろうと私は思う。

日本陸軍は南京を落とし、徐州を落とし、一九三八年十月、武漢三鎮を攻落した。武漢危うしとみるや、ソ連の大軍が北鮮国境の張鼓峯に出現、日ソ両軍の大衝突となつたが、明らかに武漢三鎮作戦に対する牽制の行動であったとみられている。十月二十一日には広東も陥落して、蔣は意気沮喪していたといわれているが、ここで蔣が降伏してしまうとスターリンは脇腹に一〇〇万の日本陸軍を地雷のように抱えることになるから深刻であった。

ドイツは一九三八年三月、オーストリアを併合、九月にはミュンヘン会談をおこなって英仏が屈し、チェコズデーデンを割譲した。

日本では第二次近衛内閣が誕生し、首相は東亜新秩序の建設の方針を謳い上げた。この新秩序はハルの解釈では、

「東アジアに新しい秩序を建設する。それは中国、満州を日本と政治、経済、文化面で結びつけるものであるとともに、世界列強がこの東アジアに拡がる新しい環境に適応する態度をとることを期待するものである」(set up a new order in East Asia, linkng China & Manchuria to tne Japanese system politically, econmically, and culturally and their expectation that other powers would adapt their attitude to the new conditions prevailing in East Asia)

となる。この解釈が正しかったかどうか知らないが、ハルはこの方針は九ヵ国条約の違反であり、東アジア全般の満州国化を目指しているといってカンカンになって怒った。

一八三八年五月、第二次ビンソン案海軍大拡張計画を議会が承認した。記録によると、い

よいよこの年から、米国が民主主義国の兵器廠となったことを世界に示したとある。ソ連に与える影響も大きかったと思う。

ルーズベルトは中国情勢の展開を考えるとともに、日本政府の東亜新秩序声明を聞いて、根本的に方針を検討することになり、一九三八年十二月十五日、中国に対して借款二五〇〇万ドルを供与することを決定した。大統領は蔣介石が、対日抵抗を継続することを保証すれば、この対中国クレジットを供与してもよいといった。モルゲンソーがハルに語ったところによると、その蔣介石の保証を在米中国大使が確認した。ハルはこの借款については、中立法に抵触するとして反対したが、財務長官モルゲンソーや国務次官補ホーンベックが賛成した。

この条件付き援助の効果は大きかった。日中停戦協定を成功させることは大変に難しくなって、しかも蔣は勇気百倍し、日本の一〇〇万の陸軍は中国大陸に釘付けにされることになった。

米国はかくして、日本の一方的な日中戦争の解決を阻止し、ヨーロッパの情勢の展開をにらみながら、対日現実政策をじっくりと発展させることにした。私はこの一九三八年末は一つの節目であったように思う。

海軍軍備に関しては一九三七年初めに無条約時代が到来、日本はその四月に第三次軍備補充計画、俗称③（マルサン）計画をたてて、戦艦「大和」「武蔵」の建造に入った。この情報による刺激もあって、米国は上記のように、一九三八年五月第二次ビンソン案を可決、日本側はさらに一九三八年④（マルヨン）計画をたてて、「瑞鶴」「翔鶴」を建造する準備に入った。これに対して米国は一九四〇年六月十四日第三次ビンソン法、七月十九日には海軍両洋艦隊法案（別名スタークプラン）を可決した。

⑤一九三九年八月二十四日、紆余曲折を経て独ソ不可侵条約が締結された。秘密付属協定付きであった。すなわち「一方が戦争に巻き込まれた時、他方は厳正中立を守る」ことと「ポーランド分割」の両協定であった。この調印に入る約三ヵ月前の五月十一日、スターリンは満ソ国境に大軍を動かしてノモンハン事件を惹《ひ》き起した。

独ソ協定調印の前日、八月二十三日にこの事変の調停を終えたスターリンは、極東の師団を西部に移してドイツに遅れてポーランドへ侵入し、バルト三国を攻略した。やはり日本が心配でノモンハンに侵入して手応えをみてから、ポーランドへ進出したかったのである。

ヒトラーは両面作戦の悪夢から解放されて、九月一日にポーランドへ侵入、ここに第二次大戦の幕は切って落とされた。ユダヤ系ポーランド人アイザック・ドイッチャ著の『スターリン』によれば、スターリンはこの時、ヒトラーの勝利をほとんど信じていなかったことは確かであり、彼の目的は時を稼ぎ経済計画を推進して、力を貯えた上で他の交戦国が疲れた時に、全力を投じようということであったという。

ハルによると、ドイツと協定を結んだあとのソ連は泥水の中に隠れて、何か餌がやって来るのを待ち構えている鯰《なまず》のようなものであった。独ソの間でバルカンを主たる舞台にして、虚々実々のかけひきが行なわれたが、米英の観測では所詮、独ソの根本的対立は深くて解きがたく、かつヒトラーの野心には限りがないから、両国の協定は長続きしないだろうとみていた。ハルはソ連を反対の方向へ押しやらぬように、気をつけねばならないと思っていたと書いている。

この不可侵条約調印から独ソ戦に至る一年半の間、猛烈な謀略戦が関係諸国の間で横行したであろうと推測される。この年、遂に米国は一九一一年来の日米通商航海条約を六ヵ月の予告を以て破棄すると通告してきて、翌一九四〇年一月二十六日に廃棄された。日本海軍の息の根をとめる石油全面禁輸を行なうための準備であった。

ヒトラーは四月九日ノルウェー・デンマーク、五月十日オランダ・ベルギーを席捲して、六月十七日に遂にパリを攻落した。ドイツ軍の破壊力をみて、さすがのスターリンも圧倒されて自信を失ったとドイッチャは書いている。

一九四〇年九月二十七日、問題の三国同盟が誕生した。一九四一年に入ってハル、野村大使の間で日米会談が始まったが、ハルは独ソ戦開始を六ヵ月前に知っていたというから、独ソ戦う前提で彼は会談に臨んでいたことになる。

三月には武器貸与法が、議会運営のベテラン、ハルの活躍で可決、法案となって対英を始めとする対外援助の法的根拠が確立した。スターリンはこの法律を注目していたことであろう。この頃になると米国の失業率は、一九三三年の二四・九パーセント、一九三八年の一八パーセントから大幅に下がって、兵器廠ぶり発揮の下、五パーセント近くになっていた。

⑥チャーチルの挙げる第二次世界大戦運命の山場は、⑴仏の敗北、⑵英本土攻防戦、⑶武

器貸与法、(4)独ソ戦、(5)真珠湾である。

ジョージ・ケナンの投げかけたソ連がどちらにつくかが第二次大戦の勝敗を分けるという命題からいうと、一九四一年六月二十二日の独ソ戦の開始は、チャーチルとルーズベルトにとって大きな転機であったと思われる。ヒトラーはドイツが第一次大戦の対ロシア戦に投じた兵力の二倍の精鋭を以てソ連になだれこんだ。

ルーズベルトの特別補佐官ハリー・ホプキンスがロンドンで打ち合せの上、アルハンゲルスク経由で苦労しながら七月三十日モスクワに着いた（『ルーズベルトとホプキンス』シャーウッド著）。まず最初にモロトフに会ったら、真先に出た話は日本の脅威についてであった。ソ連は特にこの段階で日本と紛争を起こしたくないから（四月に日ソ中立条約を結んでいるのに）、そのためには米国大統領が警告を発して、日本によってソ連が攻撃されたら、米国はソ連援助のために立ち上がるだろうと声明するのは一つの方法だとモロトフがいった。中国に対する援助は続けるつもりだともいった。

その夜、ホプキンスは三時間にわたってスターリンと二人きりで話をした。それこそ第二次大戦の関が原を戦っているスターリンが、ホプキンスに戦況を克明に説明をした。ドイツ軍は多分三〇〇個師団の兵力である。これに対するソ連は今一八〇個師団が対峙しているが、三五〇個師団にまで増えるはずである。ソ連軍の士気は盛んであるが、ドイツ軍は疲れているようにみえるといった。スターリンはソ連が必要とする軍需品、特に航空機・トラック、さらには民需品を詳細列挙して要望した。ホプキンスは至急これらを用意して輸送供給する約束を交わした。ルーズベルトは報告を聞くや、これに対する一〇〇パーセントの支持を与えた。

輸送は十月一日から動きだした。もちろんドイツ軍の爆撃・潜水艦攻撃によって多大の損耗を蒙《こうむ》ったが、大西洋北部ルート・イランルート・太平洋ウラジオストックルートの三つの経路を使って、米国兵器廠から続々と援助がくり出された。援助物資を積んだ商船の護衛は、英海軍の役目であった。大戦中、武器貸与法に基づいて援助された金額は、左の表に見るとおり巨額にのぼった。

英　国	一三、四九八、七四八千ドル	四三%
ソ　連	九、一二八、八七五	三〇
アフリカ・中東・地中海	三、三三四、六五一	一一
中国・印度	二、二三一、二八四	七
その他	……	九
計	三一、三六八、九〇九	一〇〇

しかしながら楽観は困難であった。ホプキンスの覚書によれば、十月初め東部戦線は極度に重大であった。ヒトラーは世界に向かって赤軍はすでに壊滅したと発表するように命令したし、米陸軍トップでこの頃、ソ連がドイツの攻撃に耐え得ると考える者は少なかった。ス

チムソンもマーシャルも、米国が参戦しないとこの戦争は勝てないと思っているが、二人ともどうすれば参戦を遂行し得るかについては、全然判っていなかったとホプキンスが回想している。

真珠湾から六週間ほどたって、ホプキンスがルーズベルトと二人きりでホワイトハウスで夕食をとった。

『真珠湾の頃に、日本が蘭印に対して攻撃をしたとして、その結果は日本との戦争に帰着したろうと、大統領は私に語ったが、しかし宣戦の布告は国会の責任であるし、国民の大部分は日本が蘭印を攻撃したからと云ってただそれだけで極東における戦争に関心を持ったかどうか、とルーズベルトは私に語った』とある。

⑦独ソ戦勃発するや、ドイツ政府はもとより、駐独大使からも日本がソ連の背後を衝いてほしい、衝くべしという強い要請をうけたが、大本営は受けなかった。

一九四三年二月二十六日付の大本営陸海軍部諒解という記録をみると、(1)北進してソを攻撃して両面作戦をとることは、対米英圧力を緩和することとなって、ドイツのためにも不利なるべきを以て適当ならず。(2)ソ連を攻撃するとしても地勢上その核心を衝き得ず、且《かつ》長期持久戦に転移する虞《おそれ》極めて大なるを以て、機に投じ独に呼応すること極めて困難。(3)日ソ間に事を構えるは米にしてやられることになるとともに利ならず、ソ連もよくこの間の事情を承知しあるべし（私にはこの3の意味がよく判らない）。

⑧八月、米国は遂に石油の全面禁輪を断行した。特に日本の海軍はきわめて近い将来、ま

ったくその戦闘能力を失うことになる。この処置は実質的に宣戦の布告であった。ハル・野村・栗栖の日米会談は行なわれていたが、実態はスチムソン陸軍長官が十一月二十五日の日記に、

『問題はどのようにして日本を操って我々に余り過大な危険を及ぼすことなく、最初の一発を発射するように追い込むかということである。これは難しい注文である』

と書いたこの一節が、端的に物語っていると考える。スチムソンは一九四〇年十二月十六日の日記にもこう書いた。

『ノックス（海軍長官）・マーシャル（陸軍参謀総長）・スターク（海軍作戦部長）・スチムソン（陸軍長官）の四人で話した時、この非常事態は米国が戦争に参加しない限り、克服は難しいと意見一致した』

したがっておおよそ一九四〇年末あたりから日本に一発発射させるべく、圧力をかける政策に決めていたと思われる。そして十一月二十七日、ハルノートによって日米交渉は終わって、真珠湾攻撃がこれに続いて開戦となった。

ハル回想録の中に、在日ペルー公使が『日本の軍部が真珠湾を奇襲攻撃する準備をしているという噂をいろいろの方面から聞いている』と在日グルー米大使に語ったとの旨の電報が、グルーから届いたという記事がある。翌日、ハルはこの電報を陸海軍両省に連絡したと書いている。

⑨ソ連外務省の編纂《へんさん》した英米ソ秘密外交書簡は、チャーチル・ルーズベルト・スターリン

の間に往来した秘密書簡を記録している。

一九四一年七月八日、チャーチルからスターリンへの親書から始まる。三ヵ国の同盟が出来上がっているが、いつなんどきスターリンがヒトラーと単独講和を結ぶかも知れない、明日にもルーズベルトとヒトラーとの間に停戦協定が生まれるかも知れないという疑惑をかかえながら、誕生日ごとにお互いに祝電を交わし、勝ち戦には口をきわめて称賛する気配りを惜しまず同盟を維持している。

しかし二五〇〇万人の軍人市民を失いながら、真正面にヒトラーの猛攻をうけて闘ったスターリンが、ルーズベルトとチャーチルに対してしばしば強烈な批判を浴びせる場面や、莫大な援助物資を受領しながら、ずけずけと文句をいうスターリンの手紙を見ていると、如何にルーズベルトとチャーチルがソ連を頼りにしたかがよく判る。

そして一九四四年の春、ヒトラー軍を駆逐してスターリンがポーランドに近づくと、このポーランドの政治的処理については、すでに冷戦が始まったということがよく判る。例えばこんな風である。

一九四一年十一月七日　チャーチルからスターリンへ

日本をおとなしくさせておく目的で、我々は最強のプリンス・オブ・ウェールズ号をインド洋に派遣し、そこに強力な戦闘艦隊を建設中です。私は日本を脅かしてそれによってウラジオストックを閉鎖されないようにすることを、ルーズベルト大統領に切に懇請しています
（ウラジオストックは援助物資の陸揚げ港の一つであった）。

一九四一年十一月八日　スターリンからチャーチルへ

戦争目的・戦後の平和機構の構想について意志統一が必要です。フィンランド・ハンガリー・ルーマニアについての意見を英へ申し送ったら、ルーズベルトへ転送されて新聞に出ている。何のためにこんなことをするのですか。

一九四一年十二月五日　チャーチルからスターリンへ

勇敢なロシア軍がレニングラードとモスクワを堅忍不抜に防衛して、全イギリスの人がどんなに驚嘆しているか、ドン河畔ロストフにおける貴国軍の赫々《かっかく》たる勝利を我々がどんなに喜んでいるか、この際貴殿に申し上げることを許してほしい。

一九四二年八月五日　ルーズベルトからスターリンへ

日本政府は現在ソ連に対して軍事作戦を企図しないことに決定したという、私がはっきりと信用が置けると考える情報が届きました。

一九四二年八月七日　スターリンからルーズベルトへ

日本についてのあなたの情報について、私はそれを知って興味を感じます。

一九四二年八月十九日　ルーズベルトからスターリンへ

合衆国はソヴィエトが一九四二年を通じて、戦いの主要な重荷と最大の損害を負担している事実を理解しています。私は貴国の誇示したすばらしい抵抗に我々が魅せられてしまっていることを、あなたにお伝えすることが出来ます。我々は出来るようになり次第、出来るだけ早く、出来るだけ大きな力を以て、貴国の援助に乗り出します。私がこのことをお伝えする時、私を信じて下さるよう期待します。

一九四二年十月七日　スターリンからルーズベルトへ

我々は最新型の戦闘機（例えばエアコブラ）の供給をふやし、どんな条件の下でも若干の他の軍需供給を保証することを極度に必要としています。アメリカが次のような毎月の供給を我々に保証するならば非常に結構です。

戦闘機五〇〇機、トラック八〇〇〇～一万台、アルミニウム五〇〇〇トン、爆発物四〇〇〇～五〇〇〇トン、その他一二ヵ月間に小麦二〇〇万トン、また可能な量の脂肪・濃縮食品・肉缶詰の供給を保証することが大切です。

戦線の情勢については、南部、特にスターリングラード地区の我々の状態は、飛行機、主として戦闘機が足りないために、この数ヵ月間に悪化しました。ドイツ軍は多大の予備飛行機を持っていることが判明しました。ドイツ軍は南部では空で最低二倍程度優勢です。

一九四三年六月十一日　スターリンからルーズベルトへ

ルーズベルトとチャーチルが採択した戦略問題についての書簡を六月四日受領。本年一月二十六日の書状では、一九四三年中にドイツ地上軍、空軍をロシア戦線から牽制して、ドイツを屈伏させることになっていました。二月十二日の連絡では一九四三年八月に、海峡突破作戦の準備を進めているといって来ました。一九四三年五月の今、あなたはチャーチルととともにこれを一九四四年の春に延期を決定採択しています。ソ連は非常に困難な情況におかれ、ドイツとほとんど一騎打ちに委ねられ、ソ連国民と軍隊に重苦しい否定的な印象を与えています。ソ連政府はこういう決定に同意できません。しかも当政府が参加せずに、かかるもっとも重要な問題を共同して討議しようともせず、これを採択されたもので、戦争の今後の進展に重大な結果を齎《もたら》すに違いありません。

一九四四年七月二十七日　チャーチルからスターリンへ

西欧民主主義が一つのポーランドの機関を承認し、貴国が他の機関を承認するようなことが起こると、それは痛恨事であり大きな不幸です。

⑩米国の極東政策は間違っていたと思う。

英国の史家クリストファー・ソーンが『満州事変とは何であったか』という著書の中で、ワシントン条約合意のあとその条約実施の過程で、米英の努力が日本の努力に及ばなかったのは残念であるといっているが、これこそ極東動乱を回避できなかった根本の理由であろう。自らワシントン会議に国務省から参加した米外交官で、当時中国問題の最高の権威のひとりであるといわれたジョン・マクマレーも、嘆願者の立場で参加し、自国の要望が達成されて感謝の意を表してきた中国が間もなく態度を変えてしまったのはもっとも遺憾であるが、それに迎合したアメリカの政策が一九二〇年代の後半にワシントン条約体制を掘り崩してしまい、それが日本の武力行使を招いてしまったと、残念がっている。

ワシントン体制を壊しておいて、満州事変が起きるや、ジョージ・ケナンやマクマレーがいうように、法律的ないし道徳的に九ヵ国条約に違反しているとばかり責めて、中国から日本を追い出してみて何が残るのか。朝鮮戦争でマッカーサーがみたのは、満州に居直ったソ連であり、共産主義の中国であった。マッカーサーが帰朝して上院で報告して、日本は自衛の戦争を闘ったと証言したのは、この事実に自ら際会したからであった。

そして元来、政策を誤っていたと思われるこの米国の指導者たちが、権力の座についている時に、ナチス・ドイツを渦の中心に史上最大の危機が世界に訪れたのであった。ジョージ・ケナンのいうように、一九三三年頃からは如何にしてソ連を味方につけるかという政策が、チャーチルにもルーズベルトにもおそらくヒトラーの頭の中でも一等席を占めたと考えられる。

このような国際情勢の真最中に蘆溝橋に銃声が上がった。近衛首相以下五相会議の末、三個師団が増派されて、一撃膺懲《ようちょう》のうえ停戦して、満州自衛に集中するつもりであった。しかし最終的に展開した一〇〇万の陸軍は、ソ連からみれば日独からのあり得べき両面作戦の東部を担う、重大さを増した脅威であり、米国からみればこれを嬲《なぶ》ることがソ連に対する求愛に通じる兵力であった。

そして偉大なる友邦ソ連がドイツと戦争状態に入るや、ルーズベルトはいろいろと考えたと思う。英国に援助を続けて戦わせるのみでは、その大陸進攻は困難であって、ソ連のドイツとの一騎打ちが続くだろうから、何時ドイツとの停戦が行なわれるやも知れない。米国がもたもたしているうちに、ドイツがモスクワ、スターリングラードを抜いてしまえば、あと手の打ちようもなく、欧州はドイツに制覇されてしまう、米国の大衆はそんなドイツに対して、英国を救うべしといって立ち上がらないだろう。

ルーズベルトは一切日記・メモのたぐいを残していないし、ユダヤ人の細心さから肝心のことは文書にしなかったと思うが、どうやって対独戦に参加するかに苦心したと思う。八月一日の石油の対日全面禁輸は、七月の日本軍南部仏印進駐が引き金になったようにいわれているが、これこそ日本に最初の一発を発射させるために独ソ戦が決心させた一石であったと思う。日本の海軍はもう蘭印の油を取る以外に、生き様はないのだから。

八月十四日、ルーズベルトとチャーチルがプリンス・オブ・ウェールズの艦上で、いわゆる洋上会談を行ない、大西洋憲章などと恰好《かっこう》のよい発表を行なったが、おそらく中身は独ソ戦が専《もっぱ》らで、どうやって日本を使って参戦するかという話題が主であって、ルーズベルトの目は欧大陸を走るドイツの戦車に向かっていたと思われる。

そして最後の手が十一月二十七日のハルノートであった。おそらくあのノートの中で撤兵対象から満州を除いて、撤兵時期に数年の期間を認めていたら、聖断が下って山本長官は引き返していただろう。しかしスターリンは烈火の如く怒ったであろう。ちょうどレニングラード、モスクワで大苦戦の最中であったのだから。

スチムソン日記によると、次の朝ハルに会って会談はどうなったかと聞いたら、「私はもう日米交渉から手を引いた。すっかりご破算にしたよ。今や君とノックス君の出番だよといった」。

三国同盟には自動参戦条項がないが、東郷外相・大島大使・リッペントロップ間で話し合って、ドイツが対米宣戦を行なうことになった。ルーズベルトはこのことを暗号解読して知っていた。受けて立って米議会はドイツに宣戦を布告して、ルーズベルトはここにスターリンと同盟を組むことになった。

日本が満州だけに布陣して中国本土に兵を出していなかったら、この日本を利用することは難しかったと思う。中国に展開の一〇〇万の兵を指差して、九ヵ国条約を無視してアジア全域を満州国化しようとしている無法者だと宣伝してあるから、米国民に日本こそ侵略者なんだ、その侵略者が第一発を射ったんだと名分を備えたかの説明をして、日本、そして目標のドイツに宣戦する手筈がとれたのだ。中国出兵と欧州戦争がこのようにしてからんだのだと私は思う。

ところで、第二次大戦はいまだ不充分にしか解明されていないように思われる。近現代史の研究に従事しておられる方々の努力をさらにお願い致したい。このままでは靖国の英霊は浮かばれないと思う。

（「海軍兵学校第70期会会誌」再刊第25号・平成十一年九月十五日）

付表——歴史的関連表

年代	欧州	米国	日本	ロシア・その他
二二(西暦)(大一一)	ワシントン条約、九ヵ国条約			
二八(昭三)	(パリ)ケロッグ・ブリアン条約			
三〇(五)	ロンドン海軍軍縮条約			
三一(六)			九・一八 満州事変	
三二(七)		三 スチムソン声明 一一 ルーズベルト当選	三 満州国独立宣言 五・一五事件 九 満州国承認 一〇 リットン報告書	
三三(八)	一 ヒトラー総統 一〇・一四 ドイツ国連脱退	三 ルーズベルト就任 一一・一六 ソ連を承認	三 国連脱退 五・三一 塘沽停戦協定	
三四(九)			一二 ワシントン軍縮条約破棄宣言	九・一八 ソ連、国連加盟
三五(一〇)	三・一六 ドイツ再軍備宣言			モスクワ第七回コミンテルン大会 七・二五〜八・二〇
三六(一一)	五・五 伊、エチオピア併合	一一 ルーズベルト再選	二 二・二六事件 一〇・二三 日独防共協定 一二 ロンドン・ワシントン軍縮会議脱退	一二 西安事件

年代	欧州	米国	日本	ロシア・その他
三七（一二）	一一・六　日独伊防共協定　この頃ドイツは欧州戦争予想	一〇・五　ルーズベルト隔離演説　於シカゴ	七・七　日中戦争	八・一三　中ソ不可侵条約
三八（一三）	三　独、オーストリア合併 九　ミュンヘン会議ドイツ満州国承認	五　第二次ビンソン案　海軍拡充計画 一二・一五　対中借款二五〇〇万弗	七　張鼓峯事件 一一・三　近衛東亜新秩序声明	
三九（一四）	九・一　ドイツポーランド侵入 九・三　第二次大戦勃発 独伊軍事同盟	日米通商航海条約廃棄通知	二・一〇　海南島占領 五・一一〜八・二三　ノモンハン事件	八・二四　独ソ不可侵条約
四〇（一五）	四・九　ノルウェー・デンマーク 五・一〇　オランダ・ベルギーにドイツ侵入 六・一七　パリ陥落	一・二六　日米通商航海条約消滅 七・一九　米両洋艦隊海軍拡張案 八・三一　米視察団ストロング、英国は存続すると報告 一一　ルーズベルト三選	九・二六　北部仏印進駐 九・二七　三国同盟	六・一〇　伊、英仏に宣戦 六・一四　第三次ビンソン案
四一（一六）	六・二二　独ソ戦開始 一〇・一　米対ソ援助	一　日米会談 三・一一　武器貸与法成立 八・一四　大西洋会談 一一・二七　ハルノート 一二・八　ハワイ空襲	四　日ソ中立条約 七・二一　南部仏印進駐 八・一　石油禁輸	

米国人歴史家の書いた「海軍」

兵学校七七期の高橋強君がアメリカを旅行してアナポリス海軍兵学校に寄ったら、その売店に左記のように漢字で「海軍」と銘うった部厚い本がずらりと並んでいたので、買ってきてクラス会報に内容を紹介したという話を聞いて、この本を借用して読んだ。

KAIGUN

海軍

Strategy, Tactics,
and Technology
in the
IMPERIAL
JAPANESE NAVY
1887-1941
David C. Evans
Mark R. Peattie

著者は上記両氏で、取材になんと一二、三年をかけて、一九九七年に出版されたものである。エバンズ（Evans）もピエティ（Peattie）も、著名な近代日本に関する史家で日本語は堪能。エバンズは『第二次大戦における日本海軍』『元日本海軍士官が語る』、ピエティには『石原莞爾、日本と西欧との衝突』『日本のミクロネシアにおける興隆と衰退』等々多くの著書がある。

副題は上のとおり日本帝国海軍創設からパールハーバーまでの戦略・戦術・技術の発展と変遷をたどる、とあって先輩のミルフォード（F. J. Milford）に謝辞を呈すると共に井上成美大将に本書を捧げ、同大将を「知的愛国者にして、来るべき海上戦争を洞察した人」（Professional patriot and realist）と讃えている。

両著者は大変な困難を感じながらも、主として防衛庁編纂の戦史叢書に頼って研究すると共に、多くの元海軍士官と会って意見を聞いている。六〇〇頁を超える大冊である。構成は、

第一章　日本海軍の創設（一八六八―一八九四）
第二章　最初の成功（日清戦争一八九四―一八九五）
第三章　海戦の準備（一八九五―一九〇四）
第四章　日露戦争の勝利
第五章　佐藤鉄太郎（日本海軍戦略の矛盾）

（註）佐藤鉄太郎は英国に学んだあと、一九〇二年海軍大学校教官時代「帝国国防論」を著わし、我が国の国防は基本的に海洋上の問題であって、海軍の増強がその鍵を握ると説き、一九〇八年、ふたたび海軍大学校にあって「帝国国防史論」を著わして海上の防備が唯一の防禦《ぼうぎょ》であると強調した。満州で敗れても陸軍の軍隊が損害を受けるだけで、日本本土の保全には直接の影響はないが、海軍が敗けたら本土危機の問題である。朝鮮・満州は捨てた方が良いと主張したが、すでに日本は大陸のインタレストからは逃れられない国になっていて、その防衛のための陸上兵力、防衛政策が国策を主導するに至っていた。佐藤は南進を奨めた。しかし南方諸国はすでに西欧の植民地であった。これが佐藤の矛盾であった。

この目次を眺めると、著者の抱負と論旨が判ってもらえると思う。私など知らない話が次次と出てきて、はなはだ教育的であった。しかしながら、この労作はこの間の国際政治、日本国内政治と具体的に行なわれた海戦の詳細については、これらを蚊帳の外に置くことを建前としている。いまさらクラウゼヴィッツに聞くまでもなく、戦争は政治の一環であるから、まったくこれを蚊帳の外に置くことは事実の認定を誤る虞《おそれ》が大きい。その点を含めて二、三意見を申し述べてみたい。

著者はいう

歴史家たちは陸軍と海軍とを比べれば、海軍はこの敗戦について責が軽い（less culpable）という。戦後大前敏一さんも豊田副武さんも、当時は陸軍が政治を主導していたのであって、海軍はこれにブレーキをかけていたのだといった。しかし、この話はおかしい。海軍軍縮会議を一九三四年にこわしてしまったのは日本海軍である。この条約こそは日米間の安全保障（Security）を提供していたものであり、日本海軍だけで達成できる安全保障ではないのである。

一九三二年に上海で事件を起こし、一九三七年に中国との全面戦争を齎《もたら》したことについても、日本海軍の好戦的行動（bellicose actions）によるところが大きい。もっとある。日本の膨張を南方へ方向転換して東南アジアを指向させたのは海軍の野望ではないか。陸軍はなるほどその責めの一半を担うが、一九四一年開戦への起動力（impetus）になったのは海軍であると。

軍縮条約の破棄について

一九三四年九月、日本政府にワシントン軍縮条約を破棄（一九三六年、ロンドン・ワシントン軍縮会議脱退）せしめたのは、海軍の強硬派であって、せっかく一九二二年に締結された日米海軍の安全を崩壊せしめる宣言となったことは、重大な愚行（folly）であって、これは内外史家の認めるところではある。これは国内的には統帥権干犯騒ぎを起こし、部内の穏健派を追放して態勢を硬直化させた。まさに深刻な問題であったが、対外的な議論は飛躍し過ぎているし、重大な事実を見落としていると思う。

まず加藤寛治・末次信正両提督が主張したのは、米国海軍以上の海軍力を築き上げて、これに攻撃をしかけたいといったのでは毛頭ない。攻める側は守る側の五〇パーセント優位の兵力を持たないと攻め切れぬものだという、秋山真之・佐藤鉄太郎両氏の論に基づいて、一五対一〇で均衡、つまり一対〇・六六七で米日が均衡すると大よその目途をたてて（著者の調査、説明による）、米海軍の七割を保持したいと強硬に主張したものであって、もっぱら防衛上必要な兵力を要求しただけである。

東京裁判の証人に立った元軍令部次長の近藤信竹大将が、当時の事情を次のように証言している（パール判事判決書）。

「ワシントン条約により、主力艦・航空母艦の保有量を英米の六割に制限されました。その後諸種の情報により米海軍は着々渡洋作戦を準備し、必要が起これば何時でも日本近海まで来攻するものと考えられましたので、これに対して巡洋艦以下軽快艦艇を整備して、日本近海における迎撃作戦において、主として魚形水雷の活用により我が国防を完くせんと努力しておったのであります。

然るに一九三〇年のロンドン軍縮会議で補助艦の保有量も制限せられ、我が海軍の特徴ある軍備を抑えられたばかりでなく、米海軍が新式艦を整備するのを、手をこまねいて見ていなければならないことになったのであります。ロンドン軍縮会議では我が国の主張は、不侵略の軍備という主張を更に一歩進めたものでありましたが、不幸各国の容れるところとならなかったのであります」

証人は日本側が計画した第三次・第四次補助艦建造計画（俗称③・④計画）を説明して、如何にアメリカの軍拡計画の影響を受けたかを説明した。特に一九四〇年のビンソン法案及びスターク法案に言及して次のような趣旨の言葉を述べた。

「この米国の厖大な計画が実現した場合、限りある国力の範囲内で如何にして国防の責を全くしうるかについて、殆《ほとん》ど方策を見出し得なかった。米国の貿易制限は強化されてくるし、蘭印・仏印との交渉は進展せず、米国艦隊はハワイに進出した。更には米英の重慶政府援助強化は、重慶政府をして戦勝われにありと思わしめて、支那事変解決は益々困難の度を加えた。情況かくの如くでいつ戦雲が東亜に波及するかも知れぬとの心配があったので、③・④の実施を急がねばならなかった」

眼を転ずれば、ワシントン軍縮条約破棄を宣言した一九三四年は、ルーズベルト大統領就任の翌年であって大恐慌の真っ只中、大統領は就任早々、銀行の休日を宣言しなければならなかった。大恐慌に立ち向かうニューディール政策により小康を得たと思われた経済情勢は、一九三七年ふたたび悪化して、恐慌の中の恐慌と呼ばれて、深刻な事態に立ち至っていた。ニューディールが本当に成果をあげて二五パーセントの失業率が、一九三八年一九パーセント、一九四二年四・七パーセントにまで下がったのは戦争経済のおかげであった（『大恐慌に学べ』山田伸二）。一九三八年第二次ビンソン案も、一九四〇年第三次ビンソン案並びにスターク案も、実は大恐慌対策として大きく貢献したのであって、軍事費は一九三九年G

NPの二パーセントであったものが、一九四三年には四〇パーセントにふくれ上がった。軍縮条約を破棄したことは愚行（folly）であったと思われるが、米側にとっては奇貨おくべき破棄であった。この大戦においては、愚行（folly）はいつも利用（exploit）されたのである。

著者はその結語において日本海軍の戦略を次のように要約する（第一三章、第一四章）

日本海軍は黄海の海戦、日本海海戦に勝利して、国を救い世界的に輝いたが、特にその日本海海戦の歴史的な勝利は、その後の戦略に大きな光と共に有毒な呪文（banefull spell）を与え続けた。戦争は艦隊主力の決戦によって、勝敗が短期間に決定（lightning）されて、そのあと停戦協定（negotiated peace）が結ばれると、日本帝国海軍は考えてきた。

日本海軍の仮想敵国（hypothetical enemy）はドイツであったこともあるが、ずっと米国であって、その対米戦略は防衛主義をとり、待機、反撃（Wait and React）をその原則とする。米国艦隊が太平洋を西航進攻してきた場合、父島とマリアナを結ぶ線の東方に（その後マーシャルの北西に変更）これを迎撃して、戦艦部隊の決戦に持ち込んで最終的に彼らを撃滅して、停戦協定に持ち込む。その主力の決戦に先立って漸減（Attrition）作戦を決行して、敵の戦力を削減する。この漸減作戦の主たる担い手は潜水艦・駆逐艦・軽巡洋艦であって、夜戦における雷撃攻撃が必殺の武器である。

著者の調べによると、一九三一・三四・三七・三九年に戦則（Battle Instructions）が出されているが、上の原則が貫かれている。この原則に立って大艦巨砲主義（Big ship Big Gun）が中心課題、中心訓練演題であった。

しかしながら一九四〇年になって、このルールに変化が齎《もたら》された。まずは南方の油に対する緊急度が高まったし、ヨーロッパにおけるドイツの電撃作戦が奏効して、オランダ・フランスが降伏したから、彼らの東南アジアにおける植民地に触手を伸ばしやすくなった。そして空母部隊という強力な武器が出現した。当時日本の空母勢力と、中国戦線で経験を積んだパイロットは世界最強であった。

一方、米海軍は第三次ビンソン法案、スターク法案が議会を通過して、その拡張計画はテンポ早く、時間と共に強力になって太平洋において不均衡（Disparity）を拡大していくことになる。したがってWait and React作戦を変更して、もっと攻撃的な戦略をもって東南アジアを早く制圧する必要があると考えられるに至った。

しかしながら油欲しさに東南アジアを制圧占領しようとする場合、一番脅威となるのは、占領地の抵抗よりも東から太平洋を進攻して来るはずの米艦隊であった。この米艦隊に対してWait and React戦略をとることについて、今や内部で山本五十六・小沢治三郎・大西瀧治郎各将星から強硬な反対が打ち出された。

曰くWait and React戦略というのは、敵にイニシアティブを握らせるから何時、何処で決戦に持ち込まれるか判らない。しかも、もはや主たる戦力は戦艦ではなく航空兵力であって、航空決戦によって事は決まる。戦艦決戦は起こらないかも知れない。じっと座って待っている時ではない、航空部隊をもって殴り込むべきときである。山本長官はこのようにWait and React 戦略には根本的に反対であった。そんなことをしていたら長い戦争に持ちまれて、巨大な米国の工業力をバックに、どんどん強力になる米海軍と勝負することになる。航空兵力（Air Power）こそが解決策だと考えた。

米国艦隊はルーズベルトの指示で一九四〇年五月にサンディエゴからハワイへ居を移した。山本長官は一九四〇年十月になっても、なおハワイ急襲作戦の危険を思って決心がつかなかったが、その頃英国の航空魚雷攻撃によってタラントに碇泊していたイタリア艦隊が大損害を受けた報を聞いて、同長官はロンドンとローマの海軍アタッシェから報告を取り寄せて調べた。この雷撃の成功の実績が山本長官を決心させたと考えられる。彼はこの作戦が成功すれば、長くなる戦争を短くして停戦（negotiated peace）に持ち込む策につながるかも知れぬと思った。

しかしながらと著者は続ける。

さる史家がいうように、ハワイの空襲がなくてキンメル太平洋艦隊が無傷でいたとしても、劈頭《へきとう》日本軍の東南アジア制圧を妨害することは、所詮出来なかったであろう。もし米海軍の空母戦艦部隊が太平洋を西航したら、当時世界一の実力を持った日本海軍のパイロットの下にプリンス・オブ・ウェールズ、レパルスと同じ運命を辿ったことであろう。実際一九四三年まで米側は有効な反撃を行なえなかったであろう。米国工業力の動員に拍車がかかって、米艦隊の増強、空軍力の強化、そして上陸用舟艇の建造訓練が終わるまで、米側の反攻態勢の準備は出来上がらなかったであろう。

この準備が出来た一九四三年に米艦隊がいよいよ太平洋を西に向け進攻した時に山本は伝統の Wait and React に戻ればよかったのだし、そうすれば米国民を怒り狂わせる Remember Pear Harbor 旋風を避けることが出来たのではないか。それにしても明らかに指摘できることは日本海軍が計画していた戦争と、実際に行なった戦争との間に大きな落差があることだ。日本海軍は日清・日露と同じく、日米でも停戦協定型戦争 (Limited War) を考えていたはずである。確かに米本土を占領しようなどとは思わなかったが、その開戦方式は Limited War への道を断ち切ったではないか。もう一度いう、海軍が無条件降伏型戦争 (Unlimited War) への道を作ってしまったのだ。

もし日本海軍がハワイもフィリピンも攻撃しないで、マレー・東インドに攻撃を集中していたら、戦争は一九四一年末の孤立主義者のことを考えれば、まったく違った結果になったのだというのである。

ハワイ空襲について
前項で引用した近藤元軍令部次長の証言に明らかなように、日本海軍は当時いつでも米国海軍は日本近海まで来攻する準備を整えていたと考えていた。戦後サムエル・モリソンが開戦当時、米主力艦隊が充分な空の援護なしに西に向けて進撃していたら、プリンス・オブ・ウェールズやレパルスと同じ運命を辿ったであろう、そして当時米海軍の母艦部隊は貧弱であったのだといっている。しかしこれは多分にあと思案の論であって、日本海軍の航空力をさように正確に認識していたとは思えない。

そもそもプリンス・オブ・ウェールズ、レパルスが上空直掩もなしにのこのこ出撃して来たのが何よりの証拠ではないか。零戦の能力もよく知られていなかったともいわれるし、劈頭マニラを空襲されて虎の子のB-17をやられたあと、マッカーサーが日本軍はドイツ人のパイロットを雇っているのかといったという嘘のような話もある。何よりも日本軍が南方へ進出し、戦争状態に陥った時にキンメルが何もしないで碇泊していたら、アメリカ人は黙っていない。したがって戦略の決定者としては、開戦と同時に米主力艦隊が西航出撃することを前提として策を練るのは当然である。

しかも我が方の航空勢力の手の内を熟知している山本長官がWait and Reactをとるよりも先制航空攻撃を選んだのはもっとも策であると、著者自身も経過を追って考えるらしいが、著者がここで疑問を呈しているのは何故Limited Warの可能性を断ち切るようなハワイ攻撃の仕方をしたのかという点にあるのだと考える。よく読んでみると、著者はinfamous（恥ずべき）攻撃の仕方をして、米国大衆の怒りを買ってLimited Warへの道を断ち切ってしまったのが愚策であった。むしろWait and React戦略の伝統を守った方が良かったのではないかといっている。

十一月二十六日のハルノートを受け取った日本政府が、国交断絶の決心をしてこれを在外公館に伝え、ワシントン大使館も書類の焼却等にとりかかっていたことは、マジック暗号を解読していた米国政府は承知していた（『盗まれた情報』カール・ボイド）。さらにそのあと東郷外相――大島大使――リッベントロップの経路で、日本の対米宣戦布告に続いて、ドイツが対米戦を布告する手筈になったことも、ワシントンはマジックを解読して知っていた（『盗まれた情報』カール・ボイド）。

故意にか偶然にか、ハワイのキンメル司令官に指令が届かなかっただけで、マニラのマッカーサー司令官には日本軍の攻撃警戒の旨、指示が届いていた等々のことは、今や万人周知の事実である。ワシントン日本大使館の信じがたいような手続きの遅延によって、野村・来栖両大使がハルの前に現われた時には、すでにハワイ空襲が始まってしまっていたことは大きな過失ではあるが、常識的にはハワイは充分な警戒態勢を敷いていて、南雲部隊はもっと大きな被害を蒙《こうむ》っていたはずであった。

しかし、かの有能なルーズベルト大統領はマジック解読はもちろんそしらぬ顔をして、日本が無警告攻撃をしたと訴えた。これがRemember Peal Harborの名演説であった。さらにルーズベルトが無条件降伏を宣言したのは、ルーズベルトとチャーチルが出席して、一九四三年十一月十四～二十五日に開かれた、カサブランカ会議の席上であった。当時激戦中であった独ソ戦争において、スターリンがヒトラーとの単独講和を結ぶのを恐れて、米英は、Unlimited Warを行なうことを宣言してスターリンを牽制したという説がもっとも有力である。したがって山本長官がハワイを攻撃してもしていなくても、野村大使が攻撃開始前にハルのオフィスに現われていてもいなくても、この戦争は無条件降伏型戦争であったのだ。

そこで著者に尋ねたいのは、こんな経緯と実情をふまえて、日本海軍がハワイを劈頭、警告前に攻撃したことが、Limited Warへの道を日本海軍こそが断ち切ったのだといえるであろうか。さらに著者は日本海軍こそが自らLimited Warへの道を断ち切ったといいながら、近代戦は本来Unlimited Warであるのを知らずに日本海軍は、Limited Warのつもりで戦争をしたと矛盾したことをいっているが、私にUnlimited Warが近代戦の属性だとは思えない。第二次大戦の無条件降伏宣言は、ルーズベルトの政治であったし、米国としては反省すべき政治であったと思う。

ハンセン・ボールドウインがいっている。カサブランカで発表された無条件降伏という最後通牒は、ヒトラーを交替させるか、その権力を奪おうと企んでいたドイツ内の幾つかの勢力の足元の支えを奪ってしまった。スターリングラード（一九四二年六月二十八日〜一九四三年二月二日）以後、ドイツの高級将校の多くは、少なくとも潜在意識的な反乱状態にあった。事態は東方からの共産主義の大群によって、荒廃せしめられることを強く示唆していた。しかし無条件降伏というような厳しい二者択一を迫られては、多くのドイツ人には戦闘を続ける以外に、道はないように思えた（『勝利と敗北』ハンセン・ボールドウイン）。

仮想敵国論について

もう一つ本書を貫いている著者の原理（rattionale）は、日本海軍は日本海海戦後ずーっと米国を仮想敵国と考えてきた。最初のうちは陸軍との予算の取り合いの関連があって、いわば国家予算獲得のための敵（Budgetary Enemy）とでもいうべきであったが、一九二二年ワシントン条約を結んで、一〇対六の比率を決めたあと、一九二三年の年次計画から本当の仮想敵国（Hypothetical Enemy）と考えるようになった。

エバンズ、ピエティは「アメリカを主たる敵国と見做《みな》す伝統こそ、米国と戦争状態に入ることは自然で避けがたいことのようにおもわれる。この意味で開戦の決意は自ら思い込んでしまったことを実現していった、大変な悲劇の例であった」という。

日本海軍首脳は一九四一年春までに米国との戦争は避けられないと決めた。中堅強硬派の影響を受けて、そのスタンスは挑戦的になっていった。永野修身軍令部総長は仏印南部に基地を獲得すべきであると六月十一日の連絡会議で主張した。その結果がどう展開するかについての考慮が不足していた。原著者はこのように政治抜きに語るから、まるで日本海軍が何の考慮も計算もなく、仮想敵に向かって急坂を突進して行くかの描写となる。

第二次大戦前夜ルーズベルト政権の頭には、枢軸グループに対抗するためには、ロシアを味方につける必要があると考えたことはほぼ間違いない。そして一九三一年、満州事変以後、日ソ間がきわめて緊迫していたから、親ソ連、親中国、反日本をベースとしてヒトラーに対抗するという図式が描かれていったと思う。

天下分け目の戦さは独ソ戦であったが、米国が兵器廠として機能するだけでなくて、早く対独戦に参加しないとスターリン・ヒトラー間に単独講和が成立したり、ヒトラーがソ連を蹂躙してしまう虞《おそれ》あって、ルーズベルトは焦っていた。英国向け援助物資を積んだ商船隊を、米国艦隊の兵力をもって護衛して、大西洋上戦争すれすれの行動をとったがヒトラーは乗ってこなかった。

いよいよ困ってルーズベルトは、太平洋で日本を操って一発発射させるしか手がなくなっていた。これに向かってうった手が、一九四一年夏に行なった石油の輸出禁止であり、最後はハル・野村会談の結果としてぶっつけた、十一月末のハルノートであった。

東京裁判における嶋田元海軍大臣の証言をあげておく。

「政府・統帥部中、誰一人として米英との戦争を欲した者はいなかった。日本が四ヵ年にわたって戦った支那事変に手一杯なことは、軍人は知りすぎる程判っていた。さらに尚米英の如き強国相手に、戦争をわれより求める如き幼稚な判断をする者はいなかった」「ハルノートの受諾を主張した者は、政府部内にも統帥部にも一人もいなかった。その受諾は不可能であり、本通告は我が国の存立を脅かす一種の最後通牒であると解された」（パール判事判決書）

こうして日本がパールハーバーを攻撃して戦いが聞かれたのであって、中国へ派兵した愚行（folly）を利用された（exploit）操られた戦争であった。仮想敵国米国を自己実現の上（self. fulfilling prophecy）攻撃を行なったものでは決してない。

なお付言すれば、一九四一年八月、近衛首相が山本五十六海軍大将・土肥原陸軍大将及び岡・佐藤両軍務局長を帯同しての、ルーズベルト大統領とのトップ会談を申し込んだ。昭和天皇は「会見は速やかなるべし」と激励された（『ブーゲンビリヤの花』衣川宏）。この局面では陸軍も相当覚悟を固めたと思われる（『大東亜戦争の実相』瀬島龍三）。

なお、十一月末のハルノートの中で、満州を除くと明記して中国から然るべきスケジュールで撤兵すれば、石油の禁輸をやめるという風の言明をしておれば、聖断を仰いで山本長官は「新高山に登らせなかった」であろう〈艦隊の出撃を差し押さえたであろう〉。日本海軍が大バクチ（博打）をうったと考えるのは誤りである。

（「海軍兵学校第70期会会誌」再刊第26号・平成十二年九月十五日）

拝啓　松田光夫様

平成十三年の二月十八日は日曜日だった。貴様がトラック島で駆逐艦「追風《おいて》」の砲術指揮所の花と散ってから五七回目の命日だ。近頃、俺は妙なことだが、情けなくてたまらぬ時とか、怒って頭にきた時とかに、よく口の中でブツブツと貴様の名前を呼んでいることに気がついた。砲術学校時代や、貴様が駆逐艦「追風」、俺が「朝凪」に乗ってよく一緒に商船隊の護衛をした頃の経験にてらして、貴様の方が俺よりは発火点が相当に低い。よくいえば鋭敏で感性が豊かなんだ。だから何かあると検証を求めたくなるらしい。

パールハーバー

京都大学の中西輝政という先生が、大きな戦争の本当の歴史というものは、二世代六〇年経って判ってくるものだといっている。昨年の初め頃、『欺瞞の日』（Day of Deceit）という真珠湾奇襲に関する本が、スチネット（Stinnett）という米人の手で、一九九九年の暮れに出版されたという話が、七四期の妹尾君から届いた。さっそく原書をとり寄せた。

野村駐米大使と外務省とのやりとりに使ったパープル（紫）という我が方の暗号が解読されていたことは周知の事実になっているが、スチネットの調べによると、一九四一年中は解読されていなかったといわれていた海軍暗号も、実はこの頃解読されたという。しかも南雲機動部隊は多くの電波を発信していて、その方向を探知されたという。だからルーズベルトは居ながらにして太平洋上の機動部隊の位置を掴んでいたという筋であって、それを克明に追跡するのに一六年を要したという。機動部隊が電波を出して傍受されるくだりを読むと、心臓に圧迫感を覚えて「松田、聞いたか」とつぶやいたもんだ。

二〇〇〇年四月二十四日（月）の七〇期定例クラス会の席でこの本の話を俺が披露したら、当時「利根」乗組の候補生通信士だった藤井が「そんなことは考えられない。俺は通信士で無線機を封印したんだから」と。当時「霧島」に乗艦していた伊藤治義候補生は「三浦、貴様はそのアメリカ人にだまされているんだ」と目をむいて怒った。松田、貴様もこのとき「阿武隈」乗組の候補生で参加したから、電波が出たはずがないとやはり怒っているだろう。

このスチネットの著作に対して日米サイドで反論が出ている。七二期の左近允尚敏君は長年暗号を研究しているが、水交誌上で批判を展開した。俺もその反論を直接聞いたが、立派な検証である。この頃、海軍暗号JN-25bは未だ解読されていなかったこと、機動部隊の電波管制は厳重に実施されたこと、山本長官は文書を以て南雲長官にすでに指示を与えてあって、単冠湾にいる同長官に改めてケーブルで命令を出す必要はなかったことなどを説明してくれた。

やがて妹尾君による翻訳が完成して、七月二日に開催された記念パーティーに著者スチネットが来日出席した。そこで直接著者に会って質問をぶっつけてみた。まず機動部隊が電波を出していた証拠が確認されるかという問いに対しては、彼は著書の中に述べたとおり、ハワイ・オアフ島の基地で暗号傍受を担当していたキスナー兵曹が作っていた傍受記録の中に、例えば「赤城」の呼出し符号、ＨＹＯ－９がはっきりと認められる。なお十一月二十五日南雲長官宛ての山本長官からの電報も、このキスナー傍受記録の中で確認されるとスチネットはいう。

さらに山本電報がいつ解読されたかはまったく判らないが、パールハーバー査問会議が開かれた時に、ダグラス・マッカーサーからその解説文が国会議員宛に送られて来て、その内容が一九六四年に公表された。それが戦略爆撃調査団の報告書の中に掲載されたものだといった。

ところで松田、パールハーバー攻撃が非常な成功をおさめたあと、米国ではその防備のあまりの手薄さに疑惑が向けられて大騒ぎになった。政府首脳は真実を隠蔽して、国民をだまして、キンメル海軍大将とショート陸軍大将を、スケープゴートに祭り上げたのではないかという声が上がった。

ロバート調査委員会（一九四一年十二月十八日～一九四二年一月二十三日）に始まって、ハート調査委員会（一九四四年二月五日～同年六月十五日）を経て、上下両院合同調査委員会

（一九四五年九月～一九四六年一月三十一日）、さらには一九九五年に至ってキンメル、ショート両家族の訴えによる調査に至るまで、何と合計八回の調査・査問会議が開かれた。それと同時に多くのパールハーバーものが出版されてきた。俺のノートの控えだけでも、

真珠湾、日米開戦の真相とルーズベルトの責任　一九四七　G. モーゲンスターン

暗号戦争（The Code Breaker）　一九六七　デヴィット・カーン

真珠湾は眠っていたか（Dawn We Slept）　一九八一　ゴードン・プランゲ

屈辱（Infamy, Pearl Harber and Aftermath）　一九八二　ジョン・トーランド

And I Was There　一九八五　エドウィン・レートン

警告の風（Wind of Warning）　一九八六　ジェームス・ラスブリッジャー

真珠湾の裏切り（Betrayal of Pearl Harber）　一九九一　ジェームス・ラスブリッジャー　エリック・ネイブ

真珠湾奇襲、ルーズベルトは知っていたか　一九九一　今野勉

欺瞞の日（Day of Deceit）　一九九九　ロバート・スチネット　妹尾作太男訳

パールハーバー奇襲成功の裏にはルーズベルトの謀略が働いていて、その結果〝真珠湾をわすれるな〟の声に国論が統一された。このように主張する人のことを米国では修正派（Revisionist）と呼び、〝さに非ず〟と主張する人のことを反修正派（non-Revisionist）と呼んでいる。

松田、俺は修正派なんだ。ルーズベルトに何の策略の臭いもしなかったら、八回も調査が

行なわれただろうか。そしてこんなに戦史家が筆をふるっただろうか。上のトーランドやスチネットは修正派でカーンは反修正派である。

「欺瞞の日」の中でスチネットが、解禁になった海軍の書類の中から見つけてきたマッカラン少佐メモ（Action Proposal）というものがある。一九四〇年十月七日付、三国同盟締結直後に書いて上司に具申したものである。日本を挑発（Provoke）して戦争を起こさせるためと銘打った八つの戦略項目がこの中に謳われている。

(A)、英国の太平洋にある基地、特にシンガポールを使用できるように同国と協定する。
(B)、インドネシアのオランダの基地を使用できるよう、かつその資源を利用できるように同国と協定する。
(C)、中国蔣介石にあらゆる可能な援助（All Posible Aids）を与える。
(D)、極東・比島へ重巡を派遣する。
(E)、極東へ潜水艦部隊二個を派遣する。
(F)、現太平洋艦隊の主力をハワイに常駐させる。
(G)、オランダ亡命政府が日本に経済的な譲歩をしないように、特に石油に対する要請を受け入れないように充分に打合せをしておくこと。
(H)、英国が行なったと同様、日本との貿易を全面的に禁止する。

この頃マッカラン少佐は、アナポリス卒業の先輩たちに囲まれて、重要なポジションにいた。マッカランがこのメモを書いた時には、欧州ですでに第二次大戦はスタートしていてパリーはドイツ軍の手に落ちていた。

スチネットは、FDR（ルーズベルト）の裏口からの戦争（BACK DOOR TO WAR）と形容しているが、ドイツと同盟下にある日本に攻撃させて、米国がドイツとの戦争に参加するという戦略が語られる時期にきていた。フランクリン・ルーズベルトという人がメモを残さなかっただけに、発掘されたこのメモは当時の側近幕僚たちの雰囲気を物語るものとして貴重である。なおこの八戦略項目について眺めてみると、

(C)、対中国援助は、すでに一九三八年から始まっていた。日中戦争の交戦国は中国と日本ではなくて、それは日本と米英との対立であった（『アメリカの鏡日本』ヘレン・ミアーズ）。

(F)、太平洋艦隊は一九四〇年四月、演習のためサンディエゴを出てハワイに移動したまま、大統領の命令でここに在泊していた。長官リチャードソンは艦隊がハワイを基地とすることには強硬抗議して、ワシントンに乗り込んだりしたが、ルーズベルトは一九四一年二月、彼を更迭して後任にキンメル大将を任命した。

(H)、一九四一年八月には宣戦宣告にも等しい重油の全面禁輸を断行したので、日本艦隊は時と共に戦闘能力を失ってゆくことになった。

さらにもう一つ、パールハーバーまでは日本海軍の暗号JN・25ｂは充分解読できなかったとしても、六一期の吉川猛夫氏、スパイ名称森村正氏がパールハーバー碇泊中の米艦隊、艦種、その錨地について東京へ送った電報は、外務省の「津」暗号とかPA（パープル）で

あった。

当時すでに解読されていたとされているから、日本側がパールハーバーに相当の焦点をあてていることはワシントンで観測できていたはずである。しかも吉川さんがハワイの海軍部隊やFBIから充分監視されていた様子は、スチネットの調査に詳しい。ワシントンへは逐一報告されていたはずである。

なおスチネット調査によると、吉川さんの発信暗号に関する情報は、キンメル大将にもショート大将にも流されなかったという。以上のようなわけで、松田、俺は修正派なんだがどう思う？

日米会談

ここで松田、俺の一つの推論を聞いてくれないか。野村（提督）大使とコーデル・ハル国務長官の日米会談は、一九四一年一月から始まったが、この会談のスタートの仕方が何となく胡散《うさん》臭いとは思わないか。

ハルはその回想録（『米戦時指導者の回想』毎日新聞社訳）の中で述べている。

「一九四一年初め、カトリックの僧侶のジェームズ・ウォルシュ（ニューヨーク州メリソールのカトリック外国伝導会会長）とドラウト神父が日本から帰ってきた。二人は日本の有力者多数と話し合い、その中に松岡も入っていたが、日米両国の関係は悪化しており、もっと悪くなる虞《おそれ》もある。ついては日米戦争の発生を防ぐために、個人として出来るだけ努力をしたいといっていた。

彼らは一方では米政府内の有力なカトリック教徒の一人であったウォーカー郵政長官と連絡をとり、他方では日本大使館の数名の人々と接触していた。大統領と私はウォルシュ会長とドラウト神父に、純個人の資格で今後も日本大使館と連絡させてみようということに意見がまとまった。もっとも我々としては新任大使の野村提督がワシントンに着くまでは、なんとも手の打ちようがないと思っていた（中略）。

ジェームズ・ウォルシュ、ドラウト、ウォーカー郵政長官が、野村大使も含めた日本側の代表との間に進めていた非公式の話し合いは四月九日にまとまった」

松田、何故こんな緊迫した時機に、こんなテーマを私的に、非公式に、大使がこんな人達と話し合わなければいけないんだ。内地の正式会議にかけないでスタートさせたかったのだろうか。よく読んでみると、明らかに米側から第一運動が起こっていることが判る。

一方、一九四〇年八月にパープル暗号機が陸軍の手によって完成していて、すでに東京／ワシントン間の連絡はマジック情報として解読されて、ルーズベルトの手元に届いていたのだ。そこで私的だろうが非公式だろうが、日米会談をスタートさせて、案件と意見を東郷／野村ラインの電報にのせれば、日本政府の手の内も軍部の情勢も手にとるようにマジックで判ろうというものである。そのマジック情報はルーズベルト・陸海軍長官・国務長官・陸軍参謀総長・海軍作戦部長・参謀本部戦争計画部長・作戦部戦争計画部長・陸海軍情報部長の計一〇人に極秘裡に送達されたという。

こうやってマジックを道具に、緩急自在に日本政府・大本営を操って十一月二十六日の最後通牒ハルノートに到着したということだと思う。

松田、どうだろうこの推理は……。

一九四二年以降

それでは一九四二年に入ってJN-25bが解読されるようになって、戦場はどう展開したか。

一九四四年、フランクリン・デラノ・ルーズベルトは大統領第四選に立った。相手の共和党候補はニューヨーク州知事のトマス・E・デューイであったが、争点の一つはパールハーバー奇襲を許したルーズベルト政権の責任問題であった。選挙戦が高潮して行くにつれて、運動員の間でマジックの噂がささやかれるようになった。

デューイ並びに共和党は、「ルーズベルトが日本の暗号を解読してその企図を知っていたにもかかわらず、何も対策を講じなかった。これは犯罪的怠慢であって、孤立派の反対を押さえてアメリカを戦争に引きずり込もうとするルーズベルトの策略に他ならない」と主張して、キャンペーンを展開しようと考えるに至った。

陸軍参謀総長・統合幕僚会議議長たるマーシャル大将はこれを知るや、デューイ宛に手紙を書く決心をして、部下の保全係将校カーター・W・クラーク大佐を使者にたてた。クラーク大佐は二度デューイに会っているが、その手紙の内容がデヴィット・カーンの『暗号戦争』の中に詳細にのっている。

「極秘親展、一九四四年九月二十七日（著者註・当時の戦況は台湾沖航空戦の最中、欧州では六月六日、連合軍がノルマンディに上陸、オランダ・ベルギー地域で激戦中、ソ連軍は東からドイツに迫っていた）

……手紙を思いついたのは私であり、キング提督は草稿が出来上がってから相談を受けただけです。私としては事柄が余りにも重大であり、我が軍の利益を守るために何等かの措置をとらねばならぬと強く感じたので、止むを得ずとった方法であります。本来ならば私が直接出向いて説明すべきところですが、この時機に新聞やラジオに感付かれないで、陸軍参謀総長が貴殿に面会出来る方法が見付かりませんので、キング提督と協議の上、機密書類保全に当たっているクラーク大佐を派遣することにした次第です。事を要約して申し上げますと、我々が当面しているジレンマは次の通りです。

パールハーバー奇襲問題の核心は、我々が傍受していたのが日本の外交暗号だったことです。その数年前から我が解読グループは、日本が外交暗号の作成に使用していた機械の構造を研究して、それを読む陸軍の模造機械を製作することに成功しました。従って我々は太平洋における彼等の行動について豊富な情報を獲得し、それを国務省にも提供していました。一般に信じられているように、国務省が我々に情報を流したのではありません。しかし不運にも彼等がハワイを狙っている兆候を示す電報は、十二月七日以前には届かず、我々の手に入ったのは翌八日のことでした。

現在のジレンマは我々の解読がすでに日本だけでなく、ドイツの暗号にも及んでいるにもかかわらず、我々のヒトラーに関する情報の主たる出所は、大島男爵がヒトラーや他の高官と会見した結果を報告する電文からだということです。そしてこれらの報告はパールハーバー当時と同じ暗号で組まれています。問題の重要性を了解して頂くには、恐らく次のような例を申し上げるのが最適かと思います。

珊瑚海の勝利は我が軍が敵の暗号を解読していたので数少ない兵力を適時に最善の地点に送ることが出来たためです。又敵がミッドウェー島に進攻して来た時も、同じ理由で我々の限られた兵力を集中し得たのですが、さもなければ我が艦隊は確実に三〇〇〇海里離れた海上に配置されていたことでしょう。この時、我々は敵進攻兵力全部の詳細な内訳を知っていましたし、アリューシャンを攻撃した兵力についても、必要な情報を持っていました。

太平洋における作戦は、主として我々が入手している日本の兵力展開に関する情報に基づいて進められています。我々は日本軍の雑多な部隊の兵力数から、保有食料、軍需品の数量まで知っています。最も価値の高い情報は、日本艦隊と船団の行動に関するものです。彼等は目下我が潜水艦の猛威に困惑していますが、それは我々が敵の出港日時やコースを掴んで、適切な地点で待ち伏せしているからであります。

現在ハルゼー提督の空母部隊がマニラ湾その他で、日本の輸送船を多数撃破していますが、これも彼等の行動予定が知悉されているためであり、特に最近二回の決定的攻撃で壊滅的な打撃を与えることが出来ました。

以上のご説明で貴殿はパールハーバーに関する現在の政治的論争が、ドイツか日本に漏れたり、我々の貴重な情報源について少しでも疑惑を招いたりすれば、真に悲劇的な結果が生じるであろうことを理解して下さったと思います（中略）。

近頃のデリケートな性格を示す別の一例は、ドノヴァン（イリノイ州の地名）ＯＳＳ（戦時情報局：スパイ組織）に属する工作員達が我々に無断で、ポルトガルにある日本公使館を捜索（武官用暗号を盗もうとして）したことです。その結果日本は（敵の手に入ったと思って）全世界の陸軍武官用暗号を更新してしまい、一年以上を経てなお我々は新暗号を読むことが出来ず、欧州情勢に関する貴重な情報源を失ったままになっています。

更に深刻な問題は、首相・三軍の参謀総長その他極めて限定された高官のみに限られているとはいえイギリス政府もこの極秘情報を受けとっているという事実です。最近におけるハーネス議員の演説は、本人や一般公衆は気付いていないかも知れませんが、日本側に知れると、我々が彼等の暗号を解読していると明白に察知されるような内容を含んでいます。

アイゼンハワー将軍の作戦だけでなく、太平洋における作戦のすべてが暗号解読に基づく情報に依存しています。解読情報は現在の作戦を円滑に進めているだけでなく、戦争の早期終結を可能にするため、そして勝利と米兵の生命を大量に救うため、計り知れない程の貢献をしているのです。

私は貴殿が現在の政治的キャンペーンによって齎《もたら》される虞れのある悲劇的結果を避けるようお願いするために、真相を率直に申し述べました。この手紙はどうか持参人にお返し下さい。そして貴殿が必要とされる時には又提出出来るように、極秘書類のファイルに保管しておきます。　G．C．マーシャル」

松田、まさにこれは一方的な暗号戦であった。貴様に色々所見があるだろう。因《よ》って来たるところは深くて広いと思う。

共和党のデューイはマーシャルの手紙を読んで、パールハーバー並びに暗号を選挙のテーマにすることを諦めて、ルーズベルトに敗れた。その後、米国の暗号活動とその組織は、戦後冷戦時代に入るとますます拡大活発になって、一九五二年トルーマン大統領はペンタゴン（国防総省）の下に、NSA（National Security Agency，国家安全保障局）という巨大な機構を設けて米国の暗号活動を統合することにした。デヴィット・カーンはその著書の中で、一九六七年現在、NSAは猛威をふるっているといっている。

ところで二一世紀はインターネットを軸とする高度情報社会になるといわれているが、二〇〇一年現在このNSAは数万人の職員を擁し、年間数千億円の予算を使って、世界中のインターネットをも含むあらゆる通信を傍受しているといわれている（『IT革命のカラクリ』田原総一郎、月尾嘉男）。

このIT時代はしたがって、通信の安全保障の重要性についてしっかり認識する必要がある（月尾東大教授）。そして暗号こそが情報の安全を守る中核技術、いわばサイバースペースの守護神である。相変わらずその暗号技術の大宗はアメリカが押さえているそうであるが、日本の若き暗号技術者の皆さんの大奮闘を期待したい。

松田、この人達に絶大の声援を送って上げて下さい。げに、暗号は国運を左右する。

謹　言

七月三日　二〇〇一年　　　　　　　　　　　　三浦　節

（「海軍兵学校第70期会会誌」再刊第27号・平成十三年九月十五日）

澤本頼雄海軍次官の日記

はじめに

澤本海軍大将が多くの日記類を残しておられるのを聞いていたので、開戦の時の海軍次官として骨身を削られた波瀾万丈を、是非手にとって読ませてもらいたいと希望していた。我が七〇期の澤本太華生君は大将の長男、七二期の倫生君はその二男である。二〇〇一年の一月に太華生君が亡くなってしまって、倫生君に希望を申し入れておいたら、思いが叶って貴重な記録が手元に届いた。以下敬語を略させて頂く。

閣下はルーズリーフ式の紙にまめに日記を記録しているが、草書風だしもう古くなっているので、実は倫生君が判読しながらワープロに打ち込んで、これを七一期の野村実君と東大の伊藤隆教授に送って整理してきていて、すでに着手してから何と一五年以上の月日がたっている。

野村君が二〇〇一年に亡くなってしまったが、三人の合作として近々出版されることになっているのを知った。私は倫生君がワープロ化した生の資料を読ませてもらった。

澤本大将は軍務局第一課長のあと、高雄・日向艦長を経て将官、海大教頭・艦政本部総務部長・第七戦隊司令官・海大校長・第二遣支艦隊司令長官を歴任、昭和十六年四月、豊田貞次郎次官のあと海軍次官、昭和一九年七月大将に昇格、呉鎮長官、後任は岡敬純次官であった。

澤本次官の時の海軍大臣は及川古志郎及び嶋田繁太郎、軍務局長は岡敬純、軍令部総長永野修身、次長は近藤信竹、伊藤整一であった。

①閣下は戦後「追憶の記」をものして、小学校時代から克明に振り返っているが、七〇期の太華生君は、閣下が軍務局勤務に決まって舞鶴から東京へ身重の初子夫人と二歳の長女チカ子を伴って転勤、東京に着いて、ワシントン会議に出張中の堀悌吉大佐の家を借りて住みついたら、二ヵ月にして生まれた。

華府（ワシントン）からとった名前である。二男の倫生はオヤジが英国駐在の時に麻布で生まれた。倫敦（ロンドン）からきている。日記の中にたびたび二人の話やら、手紙を出したとか、着信ありとか出てくる。

②日記の中に数多くの提督が現われて、クラスの関係が判らないと不便なので、一覧表を作った。

こんな風である。

期外　伏見宮博恭王　元帥、明治二六年少尉候補生、一九二一・八・一六大将
一四期　鈴木貫太郎　　三二期　山本五十六　三七期　井上　成美
一五期　岡田　啓介　　〃　　　嶋田繁太郎　〃　　　草鹿　任一
二六期　野村吉三郎　　〃　　　吉田　善吾　三九期　伊藤　整一
二八期　永野　修身　　三三期　豊田貞次郎　〃　　　岡　　敬純
二九期　米内　光政　　三五期　近藤　信竹　四〇期　福留　　繁
三一期　及川古志郎　　三六期　澤本　頼雄　四七期　横山　一郎
三二期　堀　　悌吉　　〃　　　新見　政一　五二期　高松宮宣仁親王

③The〝MAGIC〟（マジック）

一九四〇年八月に米陸軍の手でパープル暗号機が完成して、わが外務省が使用するパープル暗号が解読されるようになった。一九四一年一月から始まった日米会談の外務省関係の暗号は解読されて〝MAGIC〟と呼ばれた。私の手元に、The〝MAGIC〟BACKGROUND OF PEARL HARBOR（『暗号解読の〝魔術〟が語る真珠湾の裏面史』）と銘打った米国防省編纂の八冊からなる記録がある。

各外務大臣も大使も、MAGIC経由ですべてルーズベルトやハルの手元に、自分の送信した言葉が英語に翻訳されて届いているとは知らなかった。但しこの間、横山一郎ワシントン駐在海軍武官が打った海軍九七式印字機三型は解読されていない。澤本次官の日記とこの時期を語るMAGICを対比して、眺めてみることにした。

④駐日米国大使ジョゼフ・グルーの日記『滞日十年』がこの期間をカバーする。この知日家にして鋭い大使の記録も貴重である。大使は豊田外務大臣と親交があった。

A日米会談：日米了解案

駐米大使野村吉三郎大将は、一九四一年二月十四日、大統領に信任状を奉呈し、四月十六日を第一回としてハル国務長官との会談に入った。この日米非公式交渉の俎上に上った日米了解案なるものは、日本側岩畔豪雄陸軍大佐と井川忠雄、アメリカ側ドラウト、ウォルシュ両神父によって私的ベースで作られた。両神父は近衛首相に接触、軍務局長武藤陸軍中将とも会談した。

一九四一年一月十三日、帰国した両神父はルーズベルト大統領とハル国務長官に対して日本を代弁した形の「日本の提案」なるものを説明した。この四者会談を斡旋したのはウォーカー郵政長官であって、この工作を推進した中心人物であった。井川忠雄は両神父から大統領往訪の結果、有望進捗中との電報を受け取って二月十三日渡米、あたかも日本政府の私的代表のような態度で両神父と接触すると共に、最初の野村、ハル非公式会談（三月八日）のお膳立てをしたりして野村大使の信任を得た。横山武官の記録によると、大使館において大使、井川、両神父、岩畔、若杉（公使）、横山が討議の結果、四月九日試案が完成してハルに提出された。検討の結果、四月十二日に日米了解案と呼ばれるものが出来上がった。日本が三国同盟の骨を抜く代わりに、米国は日米間合意を経た条件を以て、大統領が蔣介石に対して和平を勧告するという枠組みになっていた。ハルは未だ修正を要するという前提であったが、東京は米政府の提案であると誤解したといわれている。上記の通り、四月十六日、野村、ハル会談の上、これが東京へ送られた。政府、陸海軍共にすぐ飛びつきたい内容であったが、欧州出張中の松岡外務大臣が、留守中にこんな会談が進行したことについて臍《へそ》を曲げて、回訓が大幅に遅れた。やっと五月十二日に修正後の回答が発せられた。そのあと野村、ハル会談が重ねられて、六月二十一日に米側最初の公式提案と口上書が日本側に渡された。

澤本日記（A）

4―28（一九四一年＝昭和十六年）
外務次官が外相に面談を求めたるに対し、外相は例の問題なら面談の要なしと断れりと〈日米了解案に対する回答を急ぐべしという外務次官の動き〉。
5―9　○七〇〇岩畔より電話〈ワシントンから〉松岡電話に出ず、海軍大臣、陸軍大臣と協議、松岡 Saturday に返事すと。
5―12　松岡外相電話にて「例の電報は正午頃発電せり」。本日連絡懇話会あり、松岡氏より状況説明ありたりと。当日二〇三〇総理、海陸両相の集合を望む、松岡氏は其の前に首相と談ず、その中で松岡氏止めれば焼討ち位あると云えりと。5月5日陸海首脳部会議の際陸相曰く、総理よりこの話あり、松岡奏上の際、独がNOと云い、政府が〈日米〉調整をやる事になれば、自分は辞職せねばならぬかも知れぬと云えりと、併し松岡自身はやる気ならむと。豊田〈貞次郎〉商相官邸に来り、松岡と四時間会談をなす。

5―13　野村は電話にて、米国局長に対し修正案を米政府に申込したりと云えり、話は誠に元気にて快活なりしと。外相茶会の際、岡（軍務局長）に対し、独より米に出す前に修正案を見せよといえる故、それは既に出したと応えた。その他の点は松岡の考え居る点と同一なる故差支なしと云えりと。

5―16　大臣より「総理は松岡はU.S.調整の望みは二〇パーセントなりと云えり、海相はどう思うかとの問あり、余は成功大なりと思うも、二〇パーセントの意味調査せよ」と。

5―24　新聞記者は外相に後任は誰ですかと聞けりと。

5―31　豊田商工大臣官邸に来訪、野村工作その後の情況を聞く。財界人が之に過大の期待を持ち、国内動揺の傾向あるに付き商工大臣に之を警告し、野村工作はアメリカをひきつけて徹底せる手段に出でざらしむる程度に返事を考ふる旨を述ぶ。

6―11　在米海軍武官発、野村工作に関し大使は折衝の余地ありと確信、中止の時機に非ず、本日米案を打電せり、見込薄なるも継続可なりと信ず。

6―24　海陸相、総理面談、〇九〇〇～一〇三〇P. M.総理曰く、松岡は困った事を云う、陛下に対し奉り、南北共に戦争せざるべからず、この儘進めば一ヵ月中に暴動が起こる云々、〈陛下より〉総理と話したか、〈松岡〉〝度々申しました〟〈陛下〉よく相談せよ。二二日一〇P. M.松岡酔いて総理に会う。〈曰く〉世界情勢より日本は早晩南北両面にて戦はざるべからず、この儘進めば内閣はもたぬと。〈次官思うに〉この儘進みては益々悪くなる、速かに外相の更迭を要する（豊田は候補者）。

7—16　内閣総辞職。

7—17　一二〇〇豊田来訪、約一時間にわたり及川と膝を交えて懇談、……他に人がないなら、その際決心します……御引請いたしますに改めけり、時に一八日〇〇三〇なり〈松岡外相から豊田外相にかわる〉。

MAGICの記録（A）（注：傍受解読、英訳した）

4—8　モスコ（建川）からワシントンへ松岡外相発、本日駐ソ米大使スタインハルトと会談、建川同席、日米関係悪化を心配。松岡から提案した。ルーズベルトから蔣介石へケーブルを入れて「日本とのトラブルを収拾しなさい、さもないと米国の援助は差し控える」。翌日、米大使来訪、昨日の提案は早速ルーズベルトへ打電した。処で聞くがベルリンで独との間に何か約束をしたか。何も約束はしていない、そんな必要がない。更に大使は独は対米宣戦すると思うかというから、そんな事はあり得ない、独国民は米国との平和を心から願っていると回答した。

5—10　東京（松岡）からベルリンへ、先日モスコーで駐ソ米大使に会ったから彼に云った。大統領と国務長官にはっきり云ってほしい。若し米国が参戦を考慮し、そんな事が起ったら、三国同盟の約束に基いて日本は参戦せざるを得なくなるであろう。そして蔣介石は日本の平和の望みに応えるべきであると。

5―10　東京松岡からベルリンへ、米政府と野村の間に討議が行われ一つの試案が生まれた。東京へ帰ったらこの試案が送られて来た、本件取進めは極秘を要する。貴殿は何か聞かれたら何も知らないと答えられたい。我々は三国同盟に何等の影響ない様取進める方針である。リッペントロップは事情も私の見解も承知している〈五月十三日に解読されている〉。

4―16　ロンドンから東京、ワシントンへ、独は制海権と昼間の制空権なくして春、夏、秋に英本土に侵入占領出来ると思うか。日本としてはこのテーマが判然とする迄、政策決定は待つべきである。若し米が英側に立って参戦した場合、英米の海上優勢を考えると我国を料理出来るのではないか。

5―9　ベルリンから東京へ、先電の通り独はソ連との戦争の準備をしている。決定したら教えてほしいと頼んだ。

5―15　東京からワシントンへ、本件に関し三国同盟調印者独伊とも影響を受けるからヒトラー、リッペントロップ、ムッソリーニ、チアノ迄は極秘に知らせる事にする。

5―29　ワシントンから東京へ、ハルと16（金）、20（火）、21（水）、27（火）に会ったが、未だ協定の結論が出ない。

6―2　New York Times 報道、日本は米国に対して東京／モスコーと同じ様な協定を要求している。米国政府はこれに対して冷やか。

6―9　ワシントンから東京へ、非公式な米側提案なるものを送る。

6―10　松岡から野村へ、日米調整がどんなに緊急に見えても、三国同盟の方が重要であって、これに悪影響を与えるべきではない。我々の最大の目標は日、独、伊の結束（integrity）である。若し米が独と戦ったら、結果はどんな協定があろうともこわれる運命にある（will be inevitably have to be broken）。〈外務大臣からこんな電報が出ていて解読されていたら協定が成立するわけがない〉。

6―24　ワシントンから東京へ、度々ハルと交渉して来た。6月15日病床のハルと話したが、日本には、協定締結に反対する有力者がいるから成功困難だと云う。説得の結果、ハルは22日に口上書をよこした。所見としてハルの熱意は疑わないが、然しその内容はとても賛成出来ないので23日ハルにその旨話した。所見としてハルの熱意は疑わないが、ニューヨーク財界情報、在日大使館情報など綜合するに、さる米国高官連中が日本政府の真意を疑っている。日本政府の中にこの交渉を取り止めようと云う人がいるかも知れないが、止めたら資産凍結その他最悪の事態に向うだろう。

6―24　ワシントンから東京へ、6月21日ハルから米提案が呈示された。其の口上書に曰く、日本の枢要の地位にある指導者が、ナチ独乙と其の世界制覇の方針を支持している。米独戦う際は、ヒトラー側に立つ事が明かである。従ってかかる協定が望ましい結果を生む事は幻の様なものだ。日本政府が本当に平和を望んでいる事を見せて貰いたい。日米の争点は三つある。第一は欧州戦争に対する米の自衛権と三国同盟の関係、第二は対支駐兵、第三は通商差別主義である。日本が平和を欲するなら意見の相違はあるが、米国は交渉を続行する。然し中国に駐兵を欲するなら反対だし、太平洋地区で経済優位を維持しようとするなら反対する、と。

Bここで三国同盟を振り返りたい

一九七五年に発刊された三宅正樹氏の著名な『三国同盟の研究』という本がある。この歴史家は珍しく独乙《ドイツ》で勉強して、独乙の学者の三国同盟の研究に通暁した上での力作である。要約すると、

一、一九三六年十一月二十五日、リッベントロップ事務所において、駐英ドイツ大使リッベントロップと駐独日本大使武者小路公共との間に日独防共協定が締結された（正式には共産インターナショナルに対する日独協定という）。

二、一九三七年後半、日本陸軍によって、防共協定強化問題が提起されて、リッベントロップの案を笠原武官が携行持ち帰った。一九三三年以降、つぎつぎに国際的孤立に陥っていた二国の間に、接近が生まれたのであろうと観測されている。ところが一九三九年八月二十三日、独ソ不可侵条約が締結されて、この提案はつぶれた。

三、ところが一九四〇年、ベルリンからリッベントロップの腹心スターマーが来日、日独伊ソ四ヵ国同盟を提案して来た。松岡外相はドイツを日ソ友好の仲介者として利用し、独伊ソの大陸ブロックを後盾としてアメリカを威圧し、よって日米開戦をアメリカに思い止まらせたいと考えた。重要事項として、第一〇項「先ず日独伊三国間の条約を成立せしめ、然る

後にソ連に接近するに如かず、日ソ親善につき独は正直なる仲介人たる用意あり。而して両国接近の途上に越ゆべからざる障害ありとは覚えず、従ってさしたる困難なく解決し得べきかと思量す」（九月九日、十日に行なわれた松岡／スターマー会談記録。近衛日記にも同様記録されている）。

なお「三国条約国中何れかの一国が、現欧州戦争又は日支紛争に参入しあらざる一国によって攻撃せられたる時は、三国はあらゆる政治的、経済的及び軍事的方法により、相互に援助すべき事を約す」とし、かつ交換公文を交わして、「その発動は三国夫々の主体的判断に委ねらるべき事」とした結果、いちじるしくその効力を減殺した。この三国同盟を、一九四〇年九月二十七日に調印したときの総理は近衛、海軍大臣は及川、次官は豊田貞次郎、駐独大使は来栖、陸軍大臣は東条であった。

C独ソ戦始まる

澤本日記（C）

6―6　独武官発、独ソ戦は今週中に始まるとみる。国防省は三週間以内に始まると。

6―22　独ソ戦開始、〇四〇〇大島に対し、今朝攻撃開始の旨通知あり。

6―24　総理は陸海相を招き所信を披瀝す、口吻は三国条約破棄もありしも東条陸相は反対す。兎も角、国内体制を一層戦時色とする事を云う。米はソ連大使と話し中なるも、差当り見守り独優勢とならば積極的に援助を為さざるべし。

6―27　駐米横山武官意見具申、1．米は両洋作戦の力あり　2．米は国防国家態勢となる　3．日本は無理にも米により戦争せざるべからざるに至る　4．我は英米と戦うべからず、此の際米と結び参戦せしめてその兵力を消耗せしめ、独に対しては義理上中立を守り、以て戦後の平和会議に備う（在米武官の我が意を得たる意見なり）。

7―1　リッペントロップ、メッセージ、速かにウラジオストックを陥し入れ日軍西進独とシベリアにて手を握れ、これ千載一遇の好機なり。

7―7　昨日グルー大使が総理を訪う、要件は、日はソを討つと云うが之は米は困るという。ルーズベルトメッセージなり、グルーの申込は丁度良き利用のものなり、大臣〈及川〉に進言するも甚だにぶし、陸軍は北方増兵を行い初め、熟柿主義が今は変じて積極的に発動し、今のうちにソ連を討てという言葉なり。四〇万の兵を増し、一〇〇万トンの船を徴し、七〇万の兵力とせんとする意向なりと。

MAGICの記録（C）

7―1　ワシントンより東京へ、国務省ウェルズ次官が独ソ戦について、米国の態度を6月23日記者会見に於て表明した。米国は共産独裁主義にも、ナチズムにも反対であるが、現在の問題はヒトラーイズムの破壊主義にあるにつき、ロシアに対する援助が指示された。大統領は対ソ援助を宣言したが、ソ連からは援助の要求が来ていないから、何が欲しいのか未だ判らぬ。ソ連に対して中立法は適用されない〈従って援助は法的に許される〉。尚武器貸与法（Lend Lease Act）をソ連に適用するか否かは検討中である〈間もなくこの武器貸与法に基づいて強力な援助が始まった〉。英国に対しては、独乙に対してノックアウトブローを与えるべく援助を集中している。米国は日本に注目している、北進するか南進するか議論の分かれる処であるが観測中である。

7—2　東京からベルリンへ、7月2日午前会議で次の二点が決定された。

(1)日本帝国は大東亜共栄圏建設を通じて世界の平和に貢献する。

(2)支那事変の解決に努力し、我国の自存自衛の為に南進政策をとる。

7—2　松岡外相からワシントンへ、独ソ戦については必要あらば、三国同盟条項に基いて行動し（shall act）、何時如何に兵力を使用するかを決定する（shall decide）〈かかる case で近衛首相は相談を受けなかったといわれている〉。

D南部仏印進駐

援蔣物資仏印ルートは、日本側の申し入れによって、（フランス）仏印総督により自発的に閉鎖され、その監視のために日本の軍事機関が一九四一年六月二十九日以来、北部仏印に進出した。この北部仏印への進駐は、支那事変の早期解決のためのものであったが、参謀本部の作戦当局にあってはこれを以て南進の第一歩とみなし、南方問題の解決が頭にあった。いわゆる軍事戦略的に、英蘭を一体不可分として南方問題の解決を考えざるを得なくなっていた。

端的にいえば、陸軍にあっては近く予想されたドイツの英本土上陸等の好機を捉えてホンコン、マレー等を攻略して英国勢力を東亜から駆逐すると共に、蘭印を日本の勢力圏に収めようと狙ったわけである。これはもともと英米を分離して戦争相手を、英国または英蘭二国に限定できることを前提とした（『大東亜戦争の実相』瀬島龍三）。

澤本日記（D）（南部仏印進駐　25日出発、29日上陸開始）

7—15　永野本日次長に対し、仏印進駐は英米蘇支を敵にまわすことになる、再考しては如何と。及川大臣対米関係悪化すべしとなし、仏印進駐中止を考慮せよと云う。既に充分覚悟の上の事なるに今にしてこの言あり。先日も決心変更するなら広東乗船以前ならざるべからずと答えたるも又この言あり。確固たる所信なきには誠に困る。

7—23　野村発、米国硬化、国交断絶の一歩前迄進む惧《おそれ》大なり。ハルはだまされたとして辞職説あり。枢軸側の国交調整会談は、南進準備整う迄の時間かせぎだと。

7—24　野村発、一七〇〇ルーズベルトと会談、ルーズベルトはこれ迄油を禁輸しなかったのは、太平洋平和の為なりと民論を抑えてきたが今や駄目なり。若し仏印の撤兵をなすに於ては、公平な立場において物資の各国獲得を計るに吝《やぶさ》かならずと、経済圧迫不可避とみられる。

7—29　英米戦決意、〇九一五近藤次長次官室に来りこの情勢となりては英米戦決意の時なり、本件に関し連絡会議に提言する要を認める故、其の前に大臣、総長とよく話をめおく要ありと。次官曰く、米は早晩独に対し戦争する大勢にあり、米独戦はば所謂《いわゆる》竜虎相争うわけで、米国の損害も大なるべし。

日本は其の情況を見て、参戦を決するを可とす。それなら条約の義務ともなり独に恩を売る事となるも、現在の情況にて戦争とならば、仏印に対する日本の侵略が基となるが如き形となり、正義の上からも悪しき立場に立つ、準備を徹底するはもとより必要なるも、戦争をきめてかかるは考慮を要すと述ぶ。次長は今発動せざればヂリ貧となり、遂に手も足も出ざるに至る、フィリピンも今飛行機が三分の一あり、これが二分の一となれば手が出ず、時機なりと認む。

次官曰く、初めの数ヵ月は我に有利に展開すべきも、その後如何になるや、石油が手に入るわけでもなく持久戦ともなれば勝目なく、殊に独が和平を為さば日本のみとり残されて死地に陥るべし。過早なる断定は厳に戒めざるべからず、この際仏印以上に手を出さぬ事を明かにし少く共独ソ戦、米独戦の目鼻つく迄観望すべしと応酬、大臣に報告せる処同感なり。連絡会議には出さぬ事とした。

ＭＡＧＩＣは語る（Ｄ）

6―17　野村から松岡へ、日米関係甚だデリケートにて要注意なり、油に対して禁輸を主張する多くの人がいる。然し国務省は慎重だと云われている。

7―21　ワシントンから東京へ、ウェルズ次官から仏印占領について、強い抗議が若杉公使宛てに行なわれたので、野村大使が説明に行った。

7―25　大蔵大臣からワシントンへ、日米関係悪化に伴い Embargo〈通商禁止〉の噂が強い、これを防止すべく最大の尽力をお願いする。

7―25　野村から東京へ、一七〇〇ルーズベルトと会談した。日本側事情を説明したが、ルーズベルトは今迄太平洋の平和を維持する為だと云って禁油を抑えて来たが、もうこの論理は世に通用しないと。ルーズベルトから質問があった、米国が独と戦う事になったら、日本は米側に参加するかと。野村から日本では刀を抜かずに身を守るものだと云われていると。更にルーズベルトから、仏印進駐は独から要請されて行ったものかと。野村から独の圧力は皆無だと返事した。然し米国の大衆は日本は独に協力しているか、独自に南進か北進の機会を待っていると信じている。

7―25　ワシントンから東京へ、さる人物を使って探った処、本日午後閣議を開いて、日本の南進を討議した。多数意見はこの行動は独によってそのかされたものであって独の欧州に於ける次のステップと関聯していると。又禁油は思いの外早く行われるであろうと。

7―31　豊田外相から野村及びベルリンへ、独ソ戦開始後度々北進して独をサポートすべしとなすベルリン意見を承知しているが、日本のおかれている現状は、両面戦争を許すものではない事をあらためて申しておく。

8―2　野村から東京へ、1日に行われた禁油は日本が更に南進しない様警告を発したものであるが、日本が強硬政策をとらなくなる迄続くと云われている。

E実現しなかった巨頭会談

当時大本営陸軍参謀であった瀬島龍三氏は、その著『大東亜戦争の実相』の中で、巨頭会談について次のように書いている。近衛首相は、その側近である富田健治内閣書記官長及び伊藤述史情報局総裁の進言に基づいて、日米巨頭会談を決意した。

戦後、富田氏によれば、「近衛公の真意はルーズベルトさえこの会談に応じ近衛公がアメリカへ行けるようになったら、たとえ我が軍部が交渉事項について異議を唱えても（このことは中国からの日本軍の撤兵について特にその公算は大きかった）、会見地から直接陛下に電報によって御裁可を乞い調節するという非常手段を考えていた」という。

首相はこの会談を考えるに当たって、テロによる死をも覚悟していたようであると。豊田外相は死ぬつもりだったと息子の武田光雄に洩らしたという。首席随員には陸軍は土肥原賢二大将、海軍は吉田善吾大将が選ばれ〈実際は山本五十六大将が選ばれていた〉、特筆すべきは陸海軍両軍務局長が随員に予定されていたことである。

澤本日記（E1）

8—4 夜、近衛総理、陸海両相と会談要旨

①ルーズベルトもI wish to leave nothing undone.〈やり残した事のないようにしたい〉と云っている。陛下御念の点よりも、尽くすべきは尽くさねばならぬ。

②危機一髪なる故総理とルーズベルトと直接会って話す、それでも出来ねば我が誠意わかり世界世論も幾分緩和せられる。

③ルーズベルトの希望によっては実施性あり。

④日本の共栄圏と米の九ヵ国条約とは一致せぬが、歩みよりは出来る。

⑤会談は急ぐ要あり、独が不利に傾けば成功せぬ、有利となるも我国には実は少い。

8—7　陛下総理お召し。総理を御召しになり、例の件（巨頭会談）早くやる様御督促あり、夜総理は海相を呼び会談あり、総理出馬の件は秘密程度が区々となり統一とれず、うまく指導せざれば、国内問題として重大結果を齎《もた》らすなきやをおそれる。

省内意見統一…不敗の成算あるも屈敵出来ざる戦争は慎重なるを要す、重視すべき点、物資、外交、軍備、戦備、欧州情勢、結論として準備を促進。

大臣内奏、研究の道程に於て様々の意見も立つも、総体に於ては見透しつかざる戦争は為すべきに非ずとの信念を有す。これは次官、軍務局長で充分統制をとりあり、又海軍の統制は如何との御下問に対しては、綜合的結論に於て誤りなしと信じますと奉答し、御安心の体に拝したりと。

8—9　横山駐米武官、米国強硬、対日強硬を以て一貫、自国説を固執しあり、この際枢軸の弱点たる日本を片づくるを有利なりと考ふる事もあり得べし。ルーズベルトは陸海首脳部、チャーチルと極東問題会談の説頻《しき》りなり、米提案を入るるに非ざれば、日米調整の見込なしと観察す。

独大島大使、我国の形勢観望態度及び対米工作を非難し反省を求む。
8―10 ソ連武官、七月以後、天候と相俟って赤軍持ち直し、天候の崩れも早く独軍の進撃次第におくれ、volga 以西にて冬を越す算大となる。一方、ソ連赤軍及国民も独の暴虐に抗し、忠誠を守りつつあり。
8―12 ソ連大使と外相会談、一時間に亘り応酬。
8―14 野村発、閣僚と会談、巨頭会談を話したるに乗気に非ざるも、ハルに話して見ると云えり。本日一六〇〇ハルに会う。
8―15 要人警戒。荒木、永野、鈴木、岡田、木戸、豊田、牧野、柳川、小倉、池田成彬。
8―17 ハルは野村に於て充分の見込を持たるるなら White House に取り次ぐも可なりと申し、前と異なる返事なり。ルーズベルト Sunday にも拘らず野村に会う。日本がこれ以上武力進出すれば〝米は黙視し能はず〟日本は如何なる政策に進まんとするやの二件を申し進めりと。Sunday 面会に意義あるべく、進捗望みありと云うべし。陸軍の候補者として板垣、後宮、武藤の三氏を挙げあり、海軍のそれ如何、吉田、近藤、岡か。
8―18 野村発、ルーズベルトは総理はシアトルに来る事も困難ならん、ジュノア〈(ジュノー・アラスカ)〉或はシトカは如何、郵政長官ウォーカー斡旋すと、10月中旬を目標となしあり、ルーズベルトが10月中旬の気候は如何といえるに基礎をおく。
8―26 近衛案、日米工作に関する外務案出来上り、本日懇談会にかける。仏印事変解決、引揚げ更に進出せず、シベリア中立、を主とするものにてこれ迄のものに比し上出来なり。

前に首相自ら発電のものとして、一案を作りしを、内容は細部の取りきめに時間を荏苒《じんぜん》することなく、大所高所より大綱を決定せんとするものなり。海千山千のルーズベルトとボッチャンの組合せは稍《やや》不安なり。

8—29　横山武官発、両巨頭会談、帝国陸海軍が政府方針と別箇に行動することあるを危惧しある模様につき、なるべく大物（大臣、総長やむなくば次官、次長、随員は四名程度）が出らるるを適当と認められ、場所はJuneau（ジュノー、アラスカ）が東京、ワシントンより等距離にあり適当なるべく、時期は9月20日迄の心組みにて当方研究中。工作発表、8月28日、野村、ルーズベルトと会見、近衛のメッセージを渡せりと電報あり。これをおさえたるも、その対策として簡単なる政府発表をなす、即ち太平洋問題に関する我見解をルーズベルトに渡せりの意。

8—30　撤兵問題、横山発、結局の難点は撤兵なるか。主義上撤兵を賛成し、実行問題として防共及特殊駐兵の目的貫徹する等妥協案あり、下ごしらえなく巨頭会談するも、紛争を重ねるに過ぎずとの見解あり。

8—29　野村発、29日一一〇〇ルーズベルトに会見、彼は近衛メッセージを読み称賛す。会見中〈ハルの日米会談中、日本が南部仏印に進駐したように〉タイに進駐することなきやと笑い乍《なが》らひねくる。

8—30　消息通の近衛心理、陸海軍が完全に意見一致せざる限り、国交調整に出る外なし。調整不調ならば自分は当然骸骨を乞う、成功しても一段階なる故《ゆえ》更迭の時期なるべしと思う。

MAGICの記録（E1）

8—8　野村から豊田へ、ハル曰く、日本の政策が変らなければ話にならぬ。我方の軍事行動がある限り会談に応じまい。

8—9　野村から豊田へ、大統領がチャーチルとの洋上会談から帰ったら会うが、会談の見込はないと思う。米国側は南部仏印占領は日本が設定した進路を明確に示すものであると云っている（その後外相から毎日のように督促電が入っている、手配を急げ、事態は緊迫していると）。

8—18　野村から豊田へ、13日一六三〇ルーズベルトと会う、ハル同席、野村力説、日本は日米関係の調整を心から望んでいる。プリンス近衛が貴殿と直接話したい、仏印進駐については ハルに説明済である。近衛は世界の平和について話したい、米政府のstatesmanshipを期待すると。大統領は、私は貴殿のいわれるハワイに旅行する事は不可能です、然し日本の総理がサンフランシスコに来られるのも難しいでせう。日本がドアを開ける番です、チャーチルと洋上で過ごして快適でしたと。

8—26　近衛から野村へ、8月17日付でハルから要請あった日本の根本方針について七分の一から七分の七に分けて意見書が送られた。

8—29　野村から豊田へ、ハルはトップ会談の前に、事前打合せをしたいと云う、先ず支那問題である。米国としては中国を泣かせて解決をしたくないし、この問題については英国とソ連の了解取り付けがいると。

9―3　野村から豊田へ、一七〇〇ルーズベルトに会う。三つの items の内二つは既に了解に達した。残りの中国撤兵問題は総理がこの旅行に来るに当って準備して来るから合意に達する事が出来ると信じていると云ってある。

9―4　豊田から野村へ、日本政府は約束する。「仏印から更に武力進出はしないし、欧州戦争については自衛の原則に則《のっと》て行動する。若し米国が参戦した場合には三国同盟の解釈については、自ら独自の判断で行う。中国との協定出来次第中国から撤兵する」。米国政府からは次を約束してほしい。「日中間の協定維持を阻害しない、極東地区で武力行使をしない、凍結行為を解除する」。

澤本日記（E2）

9―5　御前会議前日の御下問、夕刻両総長を宮中にお召しあり、劈頭《へきとう》陛下より国策遂行要領は外交を主とし、戦争準備を副となすべきものなる故、一項と二項の入れ替えを要する旨の御意あり、杉山は戦備を完成して外交をなす所以を申し上げたる所、陛下はそれなら質問すとの御仰せにて、南方作戦に対し成算ありやと仰せられ、杉山は相当研究の結果成算ありと御答へせる処、杉山の云う事はこれ迄屡々《しばしば》反対となりたるに非ずや、蘆溝橋事件の際も直ちに鎮静するとの事なりしも、今日まで続き居るに非ずや。杉山は後方が広漠として居て意外の結果となれりと申しあげたるに、陛下は後方の広きは当時よりわかり居れり、御前の云う事はあてにならぬの如き強き御言葉あり。（永野が気の毒がってとりなしたる後）〝無謀なる師を起こす事あらば誠に皇祖皇宗に対し相済まざる事なり〟と宣《のたま》う。

9—6　御前会議一〇〇〇開始、総理、外務、陸軍、海軍、企総、内務、両軍務局長、両総長、両次長。枢相より陛下御軫念《しんねん》の条々につき質問あり、最後に陛下より、両総長より何等応答なかりしは遺憾なりと宣い、御心境は「四方の海皆同胞《はらから》と思う世になど波風の立ち騒ぐらん」と仰せられ御裁可あり。

〈帝国国策遂行要領を決定、十月上旬に至るも要求貫徹の目途なき場合、直ちに対米（英蘭）開戦を決定す〉。

9—8　グルー招待、近衛総理、グルーと会食、成立の算多しとなす。解決せば殊に喜悦に堪えず、其の機会に任を終えんとすと述ぶ。

巨頭会談、大統領の近衛メッセージに対する返事相当に友好的なり。

9—13　9月8日野村、Gallop（世論調査）、7月51パーセントが今日70パーセント日米戦となす。ルーズベルト放送9月11日行われた。演説は絹手袋中に拳骨と云うべく、空中、水上、水中に於ける事実上の宣戦と見るを至当とす。米国を参戦に導きあるは生産及び設備機械の大拡張が、其の儘なれば破産する事が大なる理由なり。

9—18　16日野村発、ルーズベルトは野村とハルの間に纏《まとま》らざれば、他の何人にても駄目と云い、過去八年間両者意見の扞格《かんかく》（一致せぬこと）なし。Two in one なりと云えり。米は日支和平を斡旋せしむる事は不可能、三国条約解釈を首脳会談にて決する事は困難にて、事前意見一致なき限り会見も望みなし、日米両国間の話し合いなるも、英支蘭を trade off する感を与えない様にすること。

9―19　9月12日、総理は山本長官に会う、席上長官は、海軍は大いに戦備を整え何時でも米国と戦い得る状態にあり、然れども日米戦は勢い長期戦となり疲弊する事明かなり。一方に支那事変を控え、此の上戦争を拡大するは大なる考慮を要すと述べたりと伝えられ、海軍に戦意なしと断ぜりと〈しかし長官はこの上京の節、9月16日永野総長より、真珠湾攻撃の停止条件付承認を貰っている〉。

9―17　野村発、White House にて懸案の三件中二件は原則的に一致し、撤兵については、総理が出馬する以上日米一致の成算あるが故なりと説明。情報によれば去る12日の閣議にて日米交渉の機運生じ来り、大統領も予備交渉らば出馬の意あること確実になれりと。

9―24　豊田大臣来談、一四〇〇大臣官邸にて及川、澤本と豊田会見、先ず9月24日野村発電を見せ（内容は23日ハルを訪問、9月10日質問に対する我方回答を手渡した、ハルは日本世論指導を問い、野村は三国同盟は日米調整と両立し得ると日本政府の見解を述ぶ）。Juneau に航行可能時期は、10月中旬限りなるべければ、速かに回答を望む様致したし。尚明日の懇談会にて、調整不成立の場合に対する方策提案方の話しあり、曰く国交調整不成立の場合、如何なる処置をとるべきかを定めておかざるべからず。過日陸相（東条）の提案もあり、独ソに対し両国の講和を提議し、ソに対しては応ぜざれば攻撃する事とし、独に対しては聴かざれば三国条約より脱退の事とす。日独伊ソの四国ならば英米に対抗し得るに非ずや。これに対し次官は、ソ聯討つべしの思想は大いに警戒を要すること海軍従来からの主張なり。

今日日米調整困難なりとて、直ちに一八〇度転回することは大いに考慮を要する。ソ聯と和合したとてヂリ貧状況は解決出来ず、三国条約締結後今日迄の実績にて大いに見込狂う。座して持て余せる現状なるは承知の通りなり、之を英米調整より逆戻りして三国同盟関係を強調することは余りに無定見に非ずや。岡局長隣室にて吉田大将と談合中なりしを以て召入れ、豊田案を説明せるに全面的に反対なり、豊田氏不興にて立去る、豊田氏の真意捕捉に苦しむも、開戦決意を遷延の手段とせるものなるか〈七〇期澤本生徒、吉田生徒、武田生徒のそれぞれのオヤジが三人揃って討議している姿、感慨深い〉。

10―11 U.S.覚書、野村大使のハルに渡した9月6日付日本案に対して言及す、大統領は国家間の関係の基礎と目し得る四原則を反復せり、9月6日、日本首相はGrewと会談の際、この四原則を主義上賛同する旨言明せり、其の他 1.南西太平洋に極限せる事 2.地理的近接の利益 3.駐兵問題 4.欧州戦見解にも論究し、根本的諸問題の討議進展を望むと。

MAGICの記録(E2)

9―11 野村から豊田へ、撤兵問題について米国側の意見は強くなってきて、日中間協定成立から二年以内に行うべきだと主張している。この問題で会談決裂の虞《おそ》れがある。私は二年以内に撤収方是非受諾されたいと思う。Top会談で決定を下しておいて、日中間で更に細部が討議されるだろう。その間に世界情勢も展開して新しい協定に入ることも必要になるだろう〈こういうのが傍受されているからまずいことになる〉。

9―13　豊田から野村へ、（長文の中で）米国政府には誤解があるようだが、日中協定について米国政府が間に入ってくれることを希望している。

9―22　豊田から野村へ、またグルー大使を呼んで話した、米側の質問には総て答えた。当方はひたすら米側の返事を待っている〈豊田外相の焦燥感がよくわかる。そしてジャンジャン督促電がワシントンへ送られている〉。

9―23　野村から豊田へ、ハルを訪問、貴殿テキスト五六二、五六四を渡して返事を督促した。

9―28　豊田から野村へ、9月27日の三国同盟一周年記念は、やはり一つの節目である。親独の空気が強くなり、日米調整に反対の雰囲気も強くなった。ワシントンから9月10日以降全然音沙汰がないのは奇妙である。

9―29　ワシントン寺崎から東京井口へ、余り急いで返事をくれと督促するのは不利ですよ。

10―1　東京井口からワシントン寺崎へ、東京の事情の判らない人は、だから困るんだよ。

10―2　野村から東京へ、野村ハル会談に於て9月6日付の日本案に対する米国案が手交された。

①日本政府が太平洋地区で平和的プログラムを実行するなら、米国政府は討議を再開することに賛成である。

②米国大統領は四つの原則を掲げた、即ち、他国の主権尊重、他国のケースには不介入、平等の原則、太平洋地区に於けるStatus Quo（現状維持）である。日本駐在のグルー大使に対して、近衛総理はこの原則に賛意を表したと聞いている。

③しかし討議の中で基本的な意見の相違を認めた、日本の中国駐兵は期限のはっきりしない期間を考えている。はっきりと日本軍を中国と仏印から撤収するといわれれば、その意図が判然とする。

④欧州戦争に問する態度については、さらにもっと判然とさせて貰いたい。

⑤未だこうして見ると明快な了解が成立していないと思われるので、このままトップ会談を開いても、その目的達成が難しいと思われる。従って米国大統領としては、基本的な問題についてはっきりした了解が成立した上でトップ会談を成功させて、太平洋地区の平和に貢献したいと考える。

〈この回答を聞いて、日本側が米側真意を測り難かった状況がよく判る。MAGICの英文も冗長にして判り難い。東京裁判の意見書において、パール判事が日米交渉を仔細に検討して、米側は時間かせぎをしたと判定し、かつ6月21日の米提案と問題の11月26日のハル覚書の比較を行なっている。ここにさらにこの10月2日を並べてみる〉

項目	6月21日案	10月2日案	11月26日案
中国からの撤退	その時期及び条件は今後更に討議する	中国、仏印から撤収すると明言すれば日本の方針がはっきりする	日本の陸海軍及び警察は中国及び仏印から即時無条件の撤退
満州国	友誼的交渉	触れられていない	蔣介石以外の中国の政府又は政権の否認
三国同盟（欧州）	日本は三国同盟の解釈について、米国の自衛行動に対して、三国同盟は発動しないという米国にとって満足すべき解釈をなす	欧州戦争に対する態度についてもっとはっきりさせてほしい	三国同盟の破棄（本協定に抵触する協定を第三国と結ぶべきではない）

澤本日記（E3）

10―6（月）一七三〇頃大臣、次官、軍務局長、次長、一部長、後刻総長凝議す。

1．外交交渉を続け事態を明瞭にする要あり。

2．撤兵問題のみにて日米戦うは馬鹿な事なり、原則的には撤兵し、治安維持の出来た処より撤兵すれば可なり。

MAGICの記録（E3）

10—2　当日ハルの要請で会ったら、別電の回答を渡しながら両巨頭が会うには、パッチ当ての合意だけでは妙なことになるから、もっと根本的な決定が必要だと云った。日本政府は落胆するだろうが報告すると返事した。

10—3　豊田から野村へ、松岡外相の退陣と共に枢軸国政策から、民主主義陣営へ移行していることを米国は認識していない。近衛公は三国同盟に責任を感じて何とか危機から脱出したいと真剣なのである。ここで巨頭会談が実現しないと、近衛内閣は難しい立場に立つ。

10—4　豊田からワシントンへ、至急次の点を明らかにしてほしい。①米側が未だ了解に達していないと指摘したのは、太平洋に於ける経済活動、軍隊の撤収、三国同盟問題であるが、その他の点は明快に了解したと考えて良いか。②四原則について近衛総理は原則として賛成したが、この原則を具体的に適用する時の意見の相違については、直接会談の時に話をしたい。

10—7　豊田からワシントンへ、グルー大使と会談した。

10—9　野村から東京へ、国務省ハミルトン、バランタイン、シュミット三人が、ハルの指示で小官を訪ねて来て討議した。貴殿の質問に答えて、太平洋に於ける経済活動、中国からの撤収、欧州に於ける三国同盟以外に問題点はないと。

10—10　豊田外相から野村大使へ、結論を出すべき時期に来ている。貴殿の意見は聞いたが、今後大統領やハルと会見の時には、若杉か井口を連れて行って議事録を作ってすぐに送ってほしい。

10―10 野村から東京へ、米国の要求しているものは、太平洋の平和であるが、我々の政策は半分平穏で半分攻撃的なのだ。我々の9月6日の提案は、今迄の言明とは大きく相違している。彼等は10月2日の覚書に沿って妥結することを要求している。この要求を呑まなければ巨頭会談の成功は夢〈ゆめ〉あり得ない。言葉をかえれば彼等は一インチも譲歩をしないだろう。

10―12 豊田からワシントンへ、10日午後グルー大使と会談した。〝10月3日に米国の覚書を受け取った。私の了解が正しければ、問題点は中国に於ける軍隊の駐留と撤収問題、欧州戦争に関する英日米の態度、中国に於ける無差別通商の三つである。問題解決の為に文書の交換は必要ないと思う。両国のリーダーが会って話し合えば困難は消え去ると思うのだがと云ったら、グルー大使は、米国は自由の国ですから、大衆の意見を考慮せざるを得ませんと云った。私はそれは日本も同じです。しかしトップが会って米国と同意すれば、静かになりますと返事した〟

10―13 ワシントンから東京へ、若杉公使とウェルズ次官と討議、ウェルズは若杉の説明を評価しながらも、しかし米国側は会談が進んで6月21日の提案を提出したすぐあとに、仏印の占領をやられた失望の苦い経験を持っていると云った。

10―16 野村から東京へ、寺崎がターナー提督の自宅へ招待された。ヒトラーが欧州をコントロールしたら、中南米アメリカは危ない。だから米国は断固、独と戦う。その為には英国及びその極東の利益を援助する、次に日本の政権はいつ軍部の勢力によって倒されるか判らない、米政府は不安を感じる。

10—17 東京からワシントンへ、内閣は総辞職することにきまった。貴殿並にスタッフ皆様の努力に深謝する。理由は内閣の不統一による、その主たる理由は、中国の軍隊の駐留または撤収に係わる意見の相違である。米国との交渉は続行される。この方針に変りはない、一丸となって一層の努力をお願いする。

このあと日記によれば、10月7、8、9、10、11、12、13、15日と会議を重ねたが、陸軍側の撤兵に関する緩和姿勢は見えず、近衛内閣挂冠、10月18日東条内閣が成立、日米会談は続行することになったが、ここで巨頭会談の実現は消え去った。

F日米最終交渉

澤本日記（F）

10—18 海軍大臣嶋田大将にきまる、東郷外相就任。

10—20 豊田前外相奏上、10月15日最後拝謁の際、豊田氏は陛下に対し奉り涙を以て、現下の情勢に於ては、和平に進むる必要を力説、陛下御納得ありたりと。

本日一六〇〇より大臣（嶋田）、次官（澤本）、軍務局長（岡）、次長（伊藤整一）、一部長（福留）の五人会談、①国策遂行要領の再検討 ②外交は打切らず。

10—21 福留より昨日の話につき更に申し述べたしと進伸、寧《むし》ろこの際政府は腹をきめ、外交にて解決するの覚悟をきめ、これが為或る程度の条件緩和を計るべきなりの説明あり、結局大臣は意見は大体に於て一致しあり、単に如何に之を実行するかの問題なり、岡、福留二人にその方法を研究せよと命ず。

10―29　東郷自信なし、昨日連絡会議後、外相は岡、武藤に対し、自分は従前の交渉方式にては成功の自信なし、かつ四原則の承認は困る問題あり、新なる方面より解決するを捷径なりと考ふ。それは仏印撤兵により凍結令を緩和することとなり、斯くして支那問題を一時外して交渉するなりと。岡より条件緩和案を示したるも賛成せず、外務としては二〇年駐兵を五年位に考えありと。

10―30　大臣決意、嶋田一四〇〇次官、岡を呼び次の如く言明せり。「自分は場末の位置より飛び込み未だ中央の事もよくわからざるも、数日来の空気より綜合して考ふるにこの大勢は容易に挽回すべくも非ず、無理に下手なことをやれば却《かえっ》て大害をなすに至るべし、故に此の際戦争の決意をなし、今後の外交は大義名分の立つ如くし、国民一般が正義の戦なりとして納得する様導く要あり。明日永野総長と面談し、物資の状況も斯々なり、これにて戦争継続の決心せられたしと釘をさしおき、又陸軍に対しては海戦の必要上資源は充分考慮する様申し入おく積りなり、右に対する意見如何」との事なり。次官は「何度考えても大局上戦争を避くるを可とする意見なるも、然らば如何に処理すべきやと云はば直接のよき方法なし、再考したし」と述べ、岡はどうも致し方ないと思いますと答ふ。

次官は陸軍の態度を既定の事実として考え行けば戦う外道なきも、戦争がかく困難なりとせば、陸軍に尚再考して見る要あらむ、即条件の緩和なりと述べたるに対し、大臣はそんな事をしては陸軍二〇万の生霊に対し相済まぬ、支那事変の成果を没却するものなりとの考を如何ともすべからず云々とのことなるに付、それを変更するか否かが問題にて、それは動かすべからずとする所に陸軍の頑迷あり、之を是正する要あり、兎も角如何にして海軍の意見を開陳すべきかを研究すべしとて辞去す〈連絡会議開催日　10／23、24、25、27、28、29、30、11／1〉。

11—1（土）　連絡会議〇九〇〇開始、2日〇一三〇迄続く、結局外交も促進するが、戦備励行することに結論。帝国国策遂行要領を策定、同時に対米提案A・B案を決め、外交交渉限度を12月1日〇〇〇〇とした。駐屯は期限付（二五年）、駐屯部隊は然し北支、蒙の一定地域と海南島。其の他部隊は平和成立後二年以内に撤収。

11—2（日）　局部長に告知、一〇〇〇三本部長、軍務、兵備、人事、教育、軍需、経理各局長官邸へ集合、次官より前置きを述べ、大臣決心を述べらる。航本長より意見あり、一度決定せば従前の弱点は払拭して、一同一致協力すべきを打合せ食後解散。一七〇〇　軍事参議官官邸集合、大臣は一三三〇伏見宮に、明日一七三〇高松宮に、一七〇〇　総理内奏、終って総長内奏。

11—5（水）　〇九〇〇～〇九三〇　午前会議。

11—10（月）　11—7野村発、若杉と共にハル訪問訓令の要旨を述べる。ハルは駐兵と撤兵は如何なる割合になるかを問う、本日回答案を出す〈A案〉。

11―11　ルーズベルト野村会談、私宅を訪ね誠意を以て解決案を説明、ルーズベルトの政治的善処を促したり、全体の空気より見てルーズベルトは危機打開の熱意なきが如く推察せらる。

11―13　野村発、12日一五〇〇より一時間半、野村、若杉とハル、バランタイン会見す、ハルは新内閣は旧内閣の方針を認めるやと質問。

11―17　一〇三〇野村、栗栖共にハルを訪ね、あとルーズベルトを同道訪問す、栗栖は日米間の戦は何の利益なしと云い、ルーズベルトうなずく、ルーズベルトは、mediate（仲裁）にも非ず、intervene（介入）にもあらず、introduce（紹介）として支那事変を解決したしと云う。栗栖は太平洋に平和成らば、自然に三国条約をout-shine（影を薄くする）すべしと云う。

11―18　野村、栗栖、ハルと二時間四五分、栗栖は三国同盟脱退の如きは出来る事に非ずと云う。

11―20　野村、栗栖、ハルと会談、B案を渡す、ハルは中国援助をやめる事は難しいと云う。

11―24　22日夜、両大使、ハルと会見、ハルは月曜日に英、濠、蘭、支大使の請訓返電が来る故、その後会見せむと結論す、内容は成立難也。

11―27　絶望。横山発、陸軍武官発、極めて強硬なり交渉全く絶望状態に陥りたり。

11―28　26日、両大使、ハルと二時間、ハルは従前の四原則を述べ、

1．米、英、支、日、蘭、蘇の間の不可侵条約締結　2．機会均等主義　3．支那及仏印より完全なる陸海空軍の撤退　4．蔣政権以外のものを認めず　5．支那の治外法権、租界租借地撤廃　6．通商条約締結　7．凍結令解去　8．安定を計る　9．三国条約を骨抜とす〈破棄する〉

の案を出す、両大使種々接衝せるもハルは譲る意志なし。

11―28　野村発、27日、約二時間両大使とルーズベルト対談、ハル同席、ルーズベルトもかかる状況になりたるを遺憾とす、米は仏印進駐により第一回の冷水を呑まされ、今又第二回の冷水あるやを心配す。ハルは modus-bi-bendi（暫定協定）が不成功に終り、仏印に大兵を進め、一方に三国同盟をかかげ、他方米より石油を供給せよと云われても、米国民は納得出来ず、日本首相は強硬意見を述べ、毫も交渉成立を容易ならしむる意見なきは残念なりと結ぶ。

11―30　重臣会議、〇九三〇より宮中に於て前総理大臣を集め、総理より国際情勢及対策を説明し、各重臣より各種の質問あり、岡田大将のが最も多し。一二三〇御陪食となる、御会食後、陛下は各員に席を給い、御指名にて意見を求めらる。

一七一〇海軍大臣及軍令部総長を御召しあり、一八一五～一八三五の間御下問あり、総長に対し〝情況は切迫したが予定通り実行する積りなりや〟と御切り出しになり〝長期作戦のみならず直近の作戦にも不安なきや〟の御下問あり。

12―3　米の暫定案、11―28国務省発米大使宛、11―26案を米が日本大使に渡す際、米国は暫定案を考慮せり。三ヵ月を有効期間とするものにして、其の期間内に全太平洋に対する平和解決を達成すべきものなるが、英蘭支等の意見及世界情勢を考慮せる結果放棄するに決定せり。内容概略毎月価格六〇万弗の綿糸、石油の少量等を輸出する程度にて凍結令を修正〈米国側の暗号を解読したのか。ここで云う世界情勢とは何か〉。

12—8　〇一三〇英国、〇三三〇米国と交戦状態となる。

MAGICの記録（F）

10—16　野村から東京へ、若杉公使がウェルズ次官と討議中、ハルが内閣更迭の情報を聞いて色々と聞きたがるから、この日米関係を放っておく内閣はあり得ないと返。若杉はハルに中国から日本軍が一挙に撤退する事は、共産勢力の事を考えると困難な事情を説明した。

10—29　野村から東京へ、若杉ウェルズ次官の長時間討議の結果。米国の基本線はヒトラリズムとの対決である。太平洋については米国の大切な国家戦略になっていて、つぎはぎの協定ではすまなくなっている。米国は6月21日に出した提案と10月2日の提案とが基本になっていて、ここから大きく譲歩はしないと思う。然し中国からの撤兵はすぐにとはいわないと思う。新内閣の方針が、1日も早く提案される事が望まれる。

11—11　東郷からワシントンへ、新内閣成立以来会議を重ねているが、11月5日には　提案を送れると思う、これが最後の努力になろう、最大の注意を払ってほしい。

11—4　東郷からワシントンへ、会議に会議を重ね5日には意見をまとめて提案する。この案を以てしても同意に達しない場合には、帝国は重大な運命に際会する。案を受け取ったらルーズベルトとハルに会って交渉して下さい。貴殿の個人的解釈は許されない。このあとA案とB案が送信された〈この中で外相は三国同盟については、その解釈について米国は満足していると思うといっている。そして撤兵問題が一番難しいだろうといっている〉。

11―5　東京からワシントンへ、提案AとBは5日の午前会議で承認された。本件今月25日迄に調印される様取進められたい。但しこの事は貴殿限り極秘とされたい。

11―7　野村から東京へ、ハルに会ってA案を渡した、ハルは英支蘭等関係国と相談しなければならぬと云った。

11―10　野村から東京へ、ルーズベルト、ハルと会談、若杉同道。

11―12　〃　ハルと会談、若杉同道。ハルが三国同盟死文化を示唆。

11―15　〃　若杉公使とハルを訪う、バランタイン同席、一時間半話す。ハル曰く、日本は一方で米国と平和協定を結ぼうとしながら、同時に独乙との同盟の維持を主張する。私には日本の立場が判るが、米国一般の大衆、世界の人々には理解し難いと思う。〝日本との協定が出来たら三国同盟は単なる一片の紙きれになる筈だ〟。一般大衆は、単に日本が独乙との同盟国だという事しか判らないから、若し米政府が日本との平和協定に入ったら、米国民も世界の人々も笑うだろう。我々は説明に窮するだろう。若し日本が協定に入る事に成功したいのなら、三国同盟を維持しようとしない筈だ、この協定が成立するという事は、英国も和蘭も参加する事になるが、この二国は独乙と戦争をしているんだ。はっきり云う、この協定が出来ると同時に三国同盟は消え去るべきだ。

11—17　野村、来栖／ハル、ルーズベルト会談。

11—18　ワシントンから東京へ、両大使、ハルと会談、ハルは、三国同盟を維持するなら日米協定は困難だと。同盟をAbrogate（廃棄）するというのは困難だが、然らば凍結令の出る前の状態（南部仏印からの撤兵）に戻して凍結を解除する事から始めようと示唆した。ハルは日本が平和解決の意志を示すのなら英蘭と相談してもよいと。かくして今迄米国との障害は撤兵問題だったが、今や三国同盟が焦点になった。B案を出す前に具体的な話に入るのが良いと思う。即ち凍結解除の発令と同時に南仏印から撤兵する案をすぐに提案したい。

11—19　東京からワシントンへ、

東の風雨……日米関係危険　北の風曇……日ソ関係危険

西の風晴……日英関係危険　のサイン発令、五回繰返す

11—20　ワシントンから東京へ、B案をハルに渡した。難しいが考えてみて又会おうと。

11—22　東京からワシントンへ、交渉のデッドラインは29日に訂正する。

11—23　来栖から東京へ、11月21，22日の会談手配の為、ハルと三〇分会談。

11—23　野村から東京へ、ハルは英、濠、蘭大使と会談した。彼等は日本が本当に平和政策をとるなら賛成するが、色々の噂を聞く、凍結解除は緩慢にしたいと云う。本国の回答待

ち。

11—26　両大使ハルと会談、米の回答を聞く、各条項について討議した、二三の撤兵については必ずしも直ちにとはいわないと〈満州についての討議は記録に出て来ない〉。

11—27　ワシントンから東京へ、両大使、ルーズベルトと会談、及び栗栖→山本局長電話。昨日のハルの話と変った処はない。一時は協定が出来そうに思った、正に危機です大統領のいった事をよく読んで下さい。

11—28　東京からワシントンへ、誠に残念に耐えないが、米側に交渉が決裂したという印象を与えない様にしてほしい。

12—2　ワシントンから東京へ、両大使がウェルズ次官と会ってあらためて米側の26日回答について討議した。両大使は未だ米側に交渉の余地が残されている印象を受けたので考慮してほしい。

むすび

こうして澤本海軍次官の日記を中心に、仔細に日米交渉を振り返ってみると、①私など長い間その最大の障害は、中国からの撤兵問題であったと思い込んでいたが、十六年十一月十五日野村、若杉、ハル、バランタイン会談において、明確にハルが指摘したように、最大のそれはやはり彼らの主張によれば三国同盟であった。しかもハルが申し立てる三国同盟は、米国の大衆、世界の人々が理解している枢軸国家の間に結ばれた軍事同盟であって、そのメンバーの一員たる日本はヒトラーと同じ範疇だと見做《みな》される。したがって自動参戦条項はない、実質骨抜きだと、口で説明しても、ヒトラーと軍事同盟を結んでいる国との協定は、米国の大衆には受け入れられない。そしてまた、意向を聞かなければならないソ連、英、蘭各国ともすでにヒトラーと戦争状態にあるという主張である。

②もしもチャンスがあったとすれば、近衛／ルーズベルトの巨頭会談であったろうか。十六年九月二十九日、駐日米国大使ジョゼフ・グルーは、一六頁にのぼる未曾有の長文の電報を国務省へ送って、巨頭会談の実現を薦めた。その中でグルー大使は、「西洋諸国のどれとも根本的に違う日本人の心理を理解することの重要さを力説……予備会談で満足できる取り極めを期待するならば、この会談は遅々として進まないであろう……近衛公爵は直接交渉において必ず合衆国を満足させるに違いない。特に彼は日本の対枢軸国関係に関しては、日本政府は公然と同盟国を放棄する約束は決してしないが、正式に合衆国と交渉を開く意志のあることを示して、枢軸国との結合を空文化する用意を実際上示したことをここに指摘したい」。

この進言をも拒否して、巨頭会談を流産せしめたということはやはり、ルーズベルトの目は欧州大陸を向いていた。そして盟友ソ連のバックアップも視野に入れて、日本海軍に最初の一発を発砲させる方針をズッと早く戦略化していたということであろう。

③東郷外相策定のA、B案は当時の環境下にあって、辛苦の案であったと思う。A案においては駐留場所を北支及び蒙の一定地域、海南島に限定して二五年、その他の地区は二年以内

に撤兵することを明示、三国条約については日本自ら決定と謳った。陸軍との血涙の交渉の結果、米側の示唆した二年の撤兵を謳ったものである。交渉行き詰まれば暫定協定Bを結ぶ、その内容は南部仏印の部隊を北部に移動させて、南部仏印に進駐した七月末以前の状態に戻す、米側は禁輪を解除するというものであった。「東郷外相はこのB案に自信を持っていた」（『大本営機密日誌』種村佐孝）。

【編註】

①ほぼ同時期の澤本日記と"MAGIC"の左右並記が望ましいが、両者の長さが異なることとスペース上無理なので、日記の次に"MAGIC"を掲載した。両者を参照お読み下さい。なおE項（巨頭会談）は長文のため、E1、E2、E3に分割した。

②日記は原文尊重を原則としたが、読みやすくするため適宜、句読点を補足した。

③文中（　）は補足、〈　〉は著者注釈。

（「海軍兵学校第70期会会誌」再刊第28号・平成十四年九月十五日）

イッキーズ内務長官の機密日記とルーズベルト大統領

イッキーズ内務長官はフランクリン・ルーズベルトが大統領に就任したときから、その第四期に死亡したあと、トルーマン大統領時代に至るまで（一九三三〜一九四五）その職にあった。その日記が「The Secret Diary of Harold L. Ickes（ハロルド・エル・イッキーズの機密日記）として残っている。第一巻一九三三〜一九三六、第二巻一九三六〜一九三九、第三巻一九三九〜一九四一に分かれていて、私が今度読んだ第三巻は、一九五五年に出版されていて、六六〇頁の大冊である。ルーズベルトが一切日記の類を残していないので、その側近中の側近で、同じくユダヤ人のイッキーズの機密日記を読めば、太平洋戦争の側面が覗けるかと思った。

内務長官とはSecretary of the Interiorの訳語であるが、この役所は国家の自然資源を保存・保護・開発するのが仕事で、土地・鉱物・水・動物等を対象とする強力な組織である。ニューディールの有力機構ＰＷＡ（Pablic Works Administration）はその指揮下にあった。

イッキーズ（一八七四〜一九五二）は、シカゴ大学で法律を勉強して、一九三三年から一二年間ずっとルーズベルトの閣僚を務めている。ルーズベルトより八歳の年長である。同様に一貫してルーズベルトの閣僚を務めた人に労働長官のパーキンス（女性、ユダヤ人）がいるし、国務長官のハルも一九三三年から一九四四年まで務めたし、財務長官のモルゲンソー（ユダヤ人）も一九三四年から一九四五年まで同様に続いている。

日記の中でイッキーズは、たびたび大統領に辞表を提出するくだりが出てくるが、すぐにFDR（フランクリン・デラノ・ルーズベルト、以下この略称を使う）署名のメモが届いたりしていなされる。FDRが人に語ったところによると、「私が窓から跳べといったらすぐに跳ぶ男」である。辛口の評論家としても有名な大物大臣であった。

これは予想以上に有益な日記である。

以下〈 〉内は著者註釈、（ ）内は補助説明。

土曜　9月16日　1939（昭和十四年）

〈九月三日　英・仏が独に宣戦を布告した。FDRは一九三二、一九三六年の大統領選挙に当選、一九四〇年の選挙に慣例を破って三度び立候補するか否か注目されていた〉

9月7日の閣僚会議の席で来年の大統領選挙の議論をした際、FDRが述懐した。来年のことは誰にも判らない、欧州でその時何が起こっているだろう、来年の6月までにドイツがフランスやイギリスよりも優勢な立場にあるか、ドイツ自身に革命が起きているか判らない。

もちろん推量だが、彼の考えでは、イギリスとフランスが対独潜水艦戦に勝って海上権を握っているかどうか、アメリカの中立法が改訂されて、イギリスとフランスへ武器を供給できるようになっているかどうかが大きく局面を左右するだろうと（11月3日、中立法修正案成立）。

（註）閣僚会議のメンバー

副大統領　ジョン・ガーナー　　国務長官　コーデル・ハル
財務長官　ヘンリー・モルゲンソー　陸軍長官　ハリー・ウッドリング
司法長官　フランク・マーフィー　郵政長官　ジェムス・ファーレー
海軍長官　クラウス・スワンソン　内務長官　ハロルド・イッキーズ
農林長官　ヘンリー・ウォーレス　商務長官　ハリー・ホプキンス
労働長官　フランス・パーキンス

土曜　10月14日　1939

FDRは国際情勢について悲観的である。彼はロシアがフランスに兵を出すとは考えないが、フィンランドはじめスカンジナビア諸国に対する態度を憂慮している。フィンランドから要請されて、彼はスターリンに個人的なメッセージを送った。フィンランドをしてその国境守備を固めさせるようなことをしないようにして欲しいと申し入れた。

日曜　12月10日　1939

先日の閣僚会議でFDRが語った話。共和党のデューイとそのマネージャーたちが、選挙用に約二〇名のデューイ内閣なら任命されるであろうと思う人々の名簿を作成した。そしてこれを発表するに当たって人々にささやく作戦を立てた。曰く、見て下さい。リストにはユダヤ人は一人もいませんよ（not a Jew on the list）と。

日曜　12月24日　1939

21日、シカゴへ出かけた。フランク・ノックスとシカゴクラブで昼食をとったら、ノックスの話によると、先週日曜、FDRから直接電話で海軍長官をやって欲しいとの申入れを受けた。ノックスは光栄至極で受諾したいが、共和党に籍があるので、共和党の友人から見ると他党に身を売るように見える。もちろん戦争になるなら政党間の協調が必要であるから、そのようなケースも考えて、さらに事態を考慮したいといった。

（註）フランク・ノックス（Frank Knox）は有名な共和党政治家（一八七四〜一九四四）で一九三六年にランドンと組んで副大統領として打って出たが落選した。新聞社を運営、シカゴデイリーニュースを手に入れて一九四〇年まで社主であった。

日曜　1月21日　1940（昭和十五年）

〈いよいよ選挙の年である〉

1月2日　大統領は年頭に当たって午後二時、国会両院合同会議でスピーチ。閣僚は正装出席、特別な内容の話はなかった。私は、もし欧州の戦況が静まって、主として国内問題に集中して処理する状況になるならば、FDRは今年三選には打って出るまいと、多かれ少なかれ人々は考えていると思う。

土曜　1月27日　1940

ドイツ八〇個師団がベルギーとオランダの国境に待機している。これはドイツの兵力の六〇パーセントに上る。これは何を物語るか、誰にも判ることだ。ドイツに占領されているポーランドのひどい状況が報告されてきた。FDRが会議で報告したところによると、ここでユダヤ人がひどい扱いを受けている。小さな砂地の土地にユダヤ人の収容所が設置されて、六〇万人のユダヤ人が送り込まれた。大部分はポーランド人だが、ドイツのユダヤ人も含まれている。収容する充分なスペースもなく衛生設備もない。したがってチブスが流行して死亡者が多数発生している。ロシアが占領している地区の方が事情はましのようである。

日曜　2月11日　1940

閣僚会議で戦争資材、武器の日本向け販売がまた問題になった。日本向けガソリンの積出しに対して、太平洋岸の人々が強い抵抗を示していることを私が再度指摘した。もちろん日本向けガソリンの積出しに関してはデリケートな問題が含まれてはいる。もし我々がこの出荷をカットしたら、日本は真っ直ぐにダッチ（蘭領）東印度を占領するかも知れないのだ。

土曜日の午前、ビル・ブリットが電話してきた。ワシントンに到着してFDRと食事をしたそうだ。私は家内のジェーンと一緒に彼をホテルに訪ねた。もうパリには戻らないというから驚いた。ここで仕事をしたい、但し大きな仕事をしたいという。彼の予想では戦争は爆発（break out）する。英・仏によってヒトラーは打撃を受ける。ドイツがオランダ・ベルギーに侵入することはないと思う。イギリスとフランスの製造する飛行機はドイツのより劣るという。

(註)ビル・ブリット(Bill Bullitt)は一九三三年、米ソ国交修復後初代在モスコー大使、一九三六年からフランス大使、FDRの代弁者(mouth piece)といわれた。

日曜　3月10日　1940

ビル・ブリット来訪、ビルはFDRと今回度々会っているが、ビルの見たところFDRは三選に乗り出す気はない。ハルとジム・ファーレーが大統領候補になって共和党に敗れるだろうと。ビルの意見では、FDRは疲れている。幻滅を感じさせる。側近のハリー・ホプキンスは有能であったが今や病人だ。今日はバンデンバーグやチャップマンほかパーティーで多くの人に会ったが、ヒトラーのやりたいままに放っておくわけにはいかぬ。米国は参戦然るべきだとの意見が強かった。

日曜　3月24日　1940

ジム・ファーレー(Jim Farley)が民主党次期大統領候補者として名乗りをあげた。私はFDRに旅行の結果を報告した。イリノイ州ではFDRが民主党の大統領候補として立候補しなければ勝ち味はないとの意見である。カリフォルニアの人々もまったく同じ感触であった。私は率直にFDRにこういった。もしFDRが民主党大会で大統領候補になることを拒否したら、民主党各地区代表者達は皆、敗北とみなして退場するでしょうと。

(註)ジム・ファーレー　民主党全国委員会会長　一九三二〜一九四〇

郵政省長官　一九三三〜一九四〇

土曜　4月13日　1940
ドイツが平和裡にデンマークを占領、ノルウェーには武力侵攻した。英国は強力にノルウェー奪回を試みた。この国がナチの手に落ちると、その潜水艦の基地になり、その空軍は英国を空襲するのに便利な基地を獲得することになる。英国はよく知っていたから何とかして奪回しようとしたが、多くの艦艇と飛行機を失った。但しドイツの被害も大きかった。

土曜　5月4日　1940
カルフォルニアの最近の情報によると、FDRはこの州の民主党票を獲得するだろうという。FDRは私の薦めにもかかわらず、カリフォルニアには遊説に出かけなかった。テキサスの情勢もFDR優勢であることが判った。この地の有力者であるレイバーンやリンドン・ジョンソンがFDRのオフィスにやってきて報告したら、FDRはおだやかにパパが少年に話すように、「判った、判った」といった。

日曜　5月12日　1940
5月8日木曜、ドイツは遂にオランダ・ベルギー・ルクセンブルグに侵入した。強力で電撃的で無慈悲であった。スイスも爆撃された。オランダの空港はすべて占領された。FDRはこれでイタリアは間違いなく参戦するだろうといった。

日曜　6月2日　1940
5月30日木曜、デコレーションデイ（戦死者追悼日）、急に正午FDRが閣僚会議を招集した。国家防衛会議に対する顧問委員を任命した。

エドワード・ステティネス　ウイリアム・クヌッセン　シドニー・ヒルマン　チェスター・デビス　ラルフ・バッド　レオン・ヘンダーソン　ハリエット・エリオット　それに閣僚のヘンリー・モルゲンソー（財務）　ハリー・ウッドリング（陸軍）　ボブ・ジャクソン（司法）チャールス・エディソン（海軍）ヘンリー・ウォーレス（農林）　ハロルド・イッキーズ（内務）

水曜　6月5日　１９４０

ＦＤＲにロシアの動向について質問した。彼曰く、スターリンがヒトラーの出方を心配していることは事実だと思う。自分の考えではスターリンはドイツ・イタリア対英・仏の間で争って、最終的にこの連中が疲れたときに自分だけ元気で立ち上がって掃除をするつもりだろう。私からロシアが我々サイドに入るチャンスありとの情報があるといったら、ＦＤＲはそれはないだろう、ロシアはどんどん厳しくなっている、モスコーにいる米国大使は監視されて、トイレまで見張りがついてくるそうだといった。

（註）三四万人の英仏連合軍が、５月26日、ダンケルクから撤退を開始、６月4日、大損害を蒙りながら撤収を完了した。

日曜　6月16日　１９４０

ドイツはパリーを占領した。

日曜　６月23日　１９４０

ＦＤＲはヘンリー・スチムソンを陸軍長官（Secretary of War）に、フランク・ノックスを海軍長官（Secretary of the Navy）に任命した。二人とも共和党の有力メンバーである。

私はＦＤＲが私を陸軍長官にしてくれるかと思っていた。しかしスチムソンは、タフト内閣の陸軍長官、フーバー内閣の国務長官を務めた人で素晴らしい人選だ。私は直ちにＦＤＲに電報を打って、これ以上の人選はあり得ないといった。ところで共和党は、明日夜フィラデルフィアで全国大会を開くことになっていて、この二人の任命を聞いて子供のように怒ったが、間もなく静まった。人々は今や戦争内閣の出現だと認識した。

土曜　6月29日　１９４０

国務長官ハルという人は、自分の省をコントロール出来ない。国務省は党派（cloques）と派閥（factions）に分割されていて、各々がそれぞれ追及して、それぞれＦＤＲに直接報告する。ハルは国務長官を引き受けるときに、自分は人事はやらないとＦＤＲにいった。次官のウェルズは野心家で、バール（Berle）はもっと野心家だ。さらに悪いことにフーバー時代の次官ウイリアム・カースル（William Castle）は、自分が国務省に連れてくるのに成功した共和党の連中の行動をコントロールしている。

具体的な政策として、イタリアがエチオピアを強姦（rape）したときに米国は油の禁輸をしなかった。もしこれをやっていれば、イタリアは海賊行為（buccaneering）に失敗していたはずだ。私は記者会見で、あのとき石油禁輸の提案をしたが、直ちに反対されて頭にきた。スペイン事件が続いて、大統領は武器をスペインに売るなといった。スペイン政府が転覆したのはこのためだ。冷血のフランコは何十万人というロイヤリストを国外、主にフランスに追放した。そのフランスはヒトラーに占領されて、彼らはますます苦境に立っている。私はハルを支持できない。

共和党はフィラデルフィア大会の末、ウイルキーが共和党大統領候補に決定した。

金曜　7月5日　1940

7月1日火曜、FDRと会ったら彼が、ところでハロッド、ハルは我々の副大統領候補としてどうかと聞いた。私ははっきりと反対だといった。理由として屑鉄と油を日本に売る件、スペインに対する武器の禁輸、エチオピアやオーストリアに対する油禁輸をしなかったケースなどを理由にあげた。もしこんな人物を副大統領にしたら、大統領を錆び物にしますよといった。私は以前からハルはアルゼンチン大使にぴったりで、ハルの後任はビル・ブリットが良いと思っていた。

金曜　7月19日　1940

〈この日付で七月八日から二十日までの日記を書いている〉

月曜7月9日、ホワイトハウスで民主党の綱領（platform）の討議が行なわれた（党大会が17日からシカゴで開催される）。ハリー・ホプキンスがシカゴ大会を取りしきることになっている。スチムソン、ノックスの陸海軍長官就任の件は、7月11日に国会で承認された。スチムソンの方が若干反対が多かった。

私はシカゴ大会行きについて気が重かった。FDRがハリー・ホプキンスを重用する態度も気になったし、彼が三選に打って出るのはあまりに気恥ずかしい（coy）という態度を示して、大会に気乗り薄さを示すのも気になった。歴史にない三選に臨むのは、異常な国際情勢に対処せんとするものであって、気乗りしない態度を過度に示すのはどうかと思う。何はともあれ成功であった。綱領は承認され、FDRは19日、大統領候補に指名された〈彼はこの間ワシントンにいた〉。

日曜　7月21日　1940

FDRはシカゴ大会のあと、ワシントンから民主党大統領候補指名を受諾する旨のスピーチを行なった。私は三～六ヵ月も前に早く意思表明をした方が良かったと思う。いささか傍《はた》迷惑な行動（undignified acting）であったと思う。昨年九月頃、すでにFDRはもし自分が大会をコントロールできて、国際情勢が深刻な様相を呈していたら、三選を敢行しようと思っていたはずだ。

土曜　7月27日　1940

7月26日金曜、閣僚会議で激論が闘わされた。私はあまり暑いので一～二度外へ出た。7月25日にFDRが石油製品とスクラップはリストアップされた上で、許可制の下に輸出を行なう旨の布告を出した。この布告が国務省に相談されることなく、FDRによって署名されたので、ウェルズ次官は強硬に問題ありとして抗議した。FDRは上がってきた書類が事前に関係者をクリアしているかどうかまでは知らないから、いらいらしてウェルズとモルゲンソー二人で問題を片づけろといった。

ここでモルゲンソーがFDRに書類を示して報告したところによると、スペインへ積み出した油とガソリンが積み換えられて、スペインのドックに入っているドイツの潜水艦に積まれている。ウェルズの話では、メキシコ・コロンビア・ベネズエラからの油が同様スペイン経由、積み換えられてドイツに渡っている。FDRの立場ははっきりしていた。他国がどうしているかは関係なく、我々は英国を助けたいのだとウェルズ次官にいった。

二〜三日前、陸軍長官から私宛に極秘メモが届いたが、日本は今まで航空機ガソリンを太平洋岸から輸入し続けてきた。この件について海軍長官のノックスは、このオクタン価の高いガソリンを日本へ積み出してよいとは海軍は絶対にいっていない。しかし、原油については平均的数量を今まで通り積み出されてもよいといってきたという。

私は海軍長官に平均的数量とは何を意味するのかと聞いた。そして過去に日本は実際問題としてカリフォルニア州のスタンダードオイルをはじめ、他の出荷主に多量のストックを強く要求してきたことを指摘した。私は覚えているが、英国との間で日本のためにかくも無理な注文を受諾することはしないという約束をしている。本日事態ははっきりした。今後スペインに対しては積み出しをしない。

なおFDRからハルに対しては、米国の石油会社がコロンビアやベネズエラからスペインへ積み出さないように規制することを指示した。そして明らかに航空機ガソリンは日本へ送られないように決められた。日本向けのスクラップについては何も決まらなかった。過去二年間主張し続けた日本向け油製品とスクラップの禁輸について、部分的ながら決定があって満足であった。

日曜　8月4日　1940

FDRと昼食、FDRの方から副大統領にかかわる話が出て、彼はこういった。「自分は色々な人を考えた、イッキーズ、ウォーレス、ビル・ダグラス、カバナー・スターク、マックナット等々。私はコーデル・ハルを呼んで君を副大統領に推したいがといったら、ハルは涙を流して、有難いが私はお受け出来ません。私はこの国際情勢を解決したい、今の仕事を続けたいので引き受けかねますといった。君のことについては他の人の推薦がなかったし、結局ウォーレスに落ち着いた」。

土曜　8月10日　1940

8月6日、ヘンリー・モルゲンソーと昼食をとって話した。ここにもヘンリーというハリー・ホプキンスを信用しない人物がいた。私は前から彼はハリーに不信感を持っていると思っていた。

8月7日、モルゲンソーは野心的な計画を進めている、彼のオフィスで会議が開かれたので出かけたら、ノックス海軍長官も出席していた。ほかに石油会社の人々がいた。必要なときには油田が日本軍の手に渡らないように破壊することを確約してくれるならば、英国と米国が協同すれば、日本だけでなくドイツに対しても油を遮断することが出来る。

このプランは米国が枢軸国に対する輸出をシャットアウトすると共に、英国と米国がメキシコ・ベネズエラ・コロンビアその他の南米諸国から出る油を買い上げる、そして英国とその植民地が使う以上の余分の油は米国が買って貯蔵する。この案が実現すると、日本・ドイツ・イタリアはたちまち油がなくなって万歳する。戦争はなくなり、彼らの産業は立ち往生する。スタンダードオイルの重役の話によれば、ロシアの油は今のところ、多量には輸出にはまわらない。

ヘンリー案が出来上がったら、ノックスと私が同道してFDRに報告したいという。この会議に出席していたのは、スタンダードオイルのサドラー副社長、スタンダードバキュウムのウォルドン会長、ハワード、エチールコーポレイション及び英国空軍のホワイト大佐らであった。

（註）この案は一九四〇年夏頃、財務・陸海両長官からFDRに進言されたが、私（ウェルズ）は反対した。スターク提督とマーシャル将軍は、この案を進めると、米国を戦争の渦中に巻き込む恐れが大きいが、米国はいまだ戦争の準備が出来ていないといって反対した（『歴史を形成した七つの決断』ウェルズ）。

木曜　8月22日　１９４０

8月14日、ＦＤＲと食事をした。私を陸軍長官にしなかったのでがっかりしたといったら、ＦＤＲはあれは純粋に政治的な理由からだったといった。

日曜　9月8日　１９４０

ダッチ東印度が飛行機と大砲が欲しい、日本がこの方面で何をするか判らないからだという話がある。ＦＤＲは日和見して様子をうかがおうという意見である。私はもし日本が兵力を向けて来たら、ダッチには油田を爆破する用意があるかどうかと質問した。ＦＤＲはその点、疑問だという。私はこの覚悟が大切で、そのことを確認することを条件として、航空機も大砲も渡すべきだと主張した。

日曜　9月15日　1940

FDRは日本向けスクラップの話を持ち出した。ヘンリー・モルゲンソー財務長官は、禁輸をすべきだと我慢ならぬ風である。しかし、いつもの通り国務省は足踏みをする。モルゲンソーは然らば月曜日まで待つから、それまでに決心して欲しいといった。私はしかしスクラップも油も、二〜三年前に禁輸していたらと思わざるを得ない。もしそうしていたら、今日日本はこんなに強い立場に立っていなかったはずである。明らかにハルは日本は印度支那へ進出し、多分ダッチ東印度へ出て行くだろうが、日本がさような侵略をした後に行動をとろうと考えているのである。

土曜　9月28日　1940

〈九月二十三日、日本軍は北部仏印に進駐した〉

二〜三日前にFDRは日本向け鋼材とスクラップを禁輸した。日本が仏印に兵力を進駐せしめた後の処置である。フランスはかなり有力な抵抗を示している。本日の会議で航空ガソリンの禁輸が話題に上がった。

モルゲンソーの報告によると、ガルベストンで一一〇缶のドラムに八七オクタン価のガソリンが大型船に積まれた。八七オクタンは許可されている商品ではあるが、この大型船が日本に到着するやスクラップにされる予定であることが判った。FDRはこの船の出帆許可を出さないで、当分港に留め置くことにしろといった。さらに八六オクタン以上は禁輸にしたらどうかといったら、ノックスがなぜ八六なのか、六七で如何といった。しかし例によってハルは承諾できない。日本が本当に仏印を侵略しない間は、かかる禁輸に賛成できないという。私もモルゲンソーもハルの意見に賛成できないし、何故FDRが国務省の意見に賛成するのか理解に苦しむ。

〈日独伊三国同盟は九月二十七日、東京とベルリンで調印されているが、イッキーズの日記にその記事が出てこない〉

（註）この頃、第三選に打って出たFDRは、ウイルキーの意外の善戦に対抗して奮戦中であった。一九四〇年十月三十一日ボストンで、あなた方の子供さんが外国の戦場に送り出されることはありません。以前にも私はそういいました。But I shall say it again, again and again. と again を三回繰り返した。そして一九四〇年十一月九日、四四九票対八二票でウイルキーを抑えて当選、史上初の三選を果たした、五八歳。

日曜　12月1日　1940

11月29日金曜の閣僚会議で、我々が使い古した航空機を中国人の手に持たせる話が出た。彼ら中国人はこの航空機で日本を爆撃し、その木造の家に焼夷弾を雨と降らせて日本人の士気をゆさぶることが出来る。東京は中国から爆撃可能な距離にある。日本人は生まれつき空中戦に弱い連中で、他国のパイロットに対抗できない。中国は雇えるあらゆる米国のパイロットを利用できるようにすべきだと。本件に関連一〇〇ミリオンダラーを我が国から中国へ貸し出し、英国からは六〇ミリオンダラーを貸し出して、両国で中国を援けて爆撃機を提供したらどうかと。

対日禁輸の話がまたしてもとり上げられた。過去何度も討議されたことであるが、今日はFDRがはっきりと言明した。もし我々がこれ以上禁輸を進めたら、日本が英国とオランダ保有の地に侵略するだろう。特にオランダのインドネシアに持っている権益に対して侵略するだろう。したがって明らかに日本がやり過ぎ（by some overact）によって我々の政策を変化せしめるまで、我々は現在の政策方針を続けるつもりである、と。

ノックス海軍長官の提案あり、英国海軍のミッションが送られて来て、合同研究しようといっているが反対はあるかと。FDRはもちろん反対はないと。陸軍も同様な計画を進めたいといった。

日曜　1月19日　1941（昭和十六年）

FDRはハリー・ホプキンスを英国へ特別の機密任務の下に派遣した。かかる人の使い方は好ましいとは思わない。

閣僚会議　1月17日午後2時　金曜

武器貸与法（lend-lease bill）について話し合った。この席ノックス海軍長官からの話、ある人が彼に語った話によると、護衛なしでパナマを通る日本の商船があるが、通峡中に爆弾を投下するかも知れない。これによってパナマ運河のロック（閘門《こうもん》）が破壊されるかも知れない。またある人のいうには、船舶のデリックを打ち込んで（ramming the lifting machinery)、運河が大きな損害を受けることがあり得るという。とにかく事態はデリケートで、実際問題として船が爆弾を投下するのを防ぐ方法はない。

土曜　2月8日　1941

ハリー・ホプキンスが英国から帰ってきて、昨日の閣僚会議で報告を行なった。

土曜　4月12日　1941

ハリー・ホプキンスら六名と一緒にFDRを囲んで釣りに出かけた。3月18日に出発してジャクソンビルからポトマック号に乗船。駆逐艦一隻護衛につけて3月24日月曜日、バハマ諸島のグレート・アイザック沖に錨泊して夕食をとっていたときに、FDRが突然こんな話をした。

曰く『至急対策を要することがある（things are coming to a head)。ドイツが大チョンボ（Blunder）をしようとしている（Germany will be making a blunder soon)』。ドイツに対しての宣戦布告することを正当化する事件を、少なくとも英国に送る物資を運ぶ商船隊の護衛を強化すべきとする事件の発生を、FDRが明らかに期待しているということであろうと私は思った。

〈独ソが戦うようだとの情報は、ハル自伝によればこの年一月に入手したとある。このポトマック号上での話は、もっと確度の高い独ソ戦関連情報を掴んだのだと思う。ふと洩らしたのだろう〉

日曜　4月20日　1941

ホワイトハウス発表、ハリー・ホプキンスが武器貸与法の施行についての責任者になった〈三月十一日武器貸与法成立〉。ロシアと日本が中立条約に調印した。間違いなく条約はドイツのロシアに対する圧力の結果である。

土曜　5月10日　1941

あらゆる方面で、大統領の指導力不足について不満を聞く。大統領は国を動かし指導するなら、それを掌握しているんだ。しかし大統領が何もしないのなら、もはや長い間を掌握していることは出来まい。

彼が重ねてスピーチすることは、もはや充分な対策ではないだろう。そして事態はまた無害の廃業状態に陥るであろう（go into a state of innocuous desuetude again）。

人々は私はもう言葉にあきた、私は行動が欲しいといい始めている。ハリー・ホプキンスは（側にいて）誰かが提案すると、どんな提案だろうと賛成する。これが典型的なハリー式なのだ。そして最後にハリーは、大統領のいうことに従う。彼は大統領を攻撃するリスクを冒すことなく、遂には側近者の地位を失うことになるだろう。

土曜　5月17日　1941

最高裁判事ビル・ダグラス来訪、彼は多くの人と同じ意見である。すなわち大統領に指導力がない、一般大衆は国防に無関心で、我々に背を向けだしている。何か対策をうたなければならないと。

日曜　5月25日　1941

閣僚会議、木曜5月22日一一三〇、閣僚会議の冒頭FDRが地中海戦の激戦の模様を話して、我々はマハン提督の海上権力論の原点に戻らなければならぬ、現在決定的なことは海のコントロールだと。私はFDRのいうポイントが船だけだというなら賛成できない、海と空とのコントロールでなければならない。そこから航空機生産の話になった。FDRは爆撃機の生産に集中すべきだといった。

会議の終わり頃になって、FDRが来週の火曜日の夜行なう予定のラジオ放送の話に移った。FDR曰く、私は最初のショットを発砲することを好まない。それなら彼はなおドイツが何か事件を起こすことを待っているんだ。彼は先般、我々と釣りに出かけたときにもこのことを指摘したし、その後二〜三度、同様の意見を吐いた。

昨日、私はFDRに差し出すべき短い意見書を用意した。私の信ずるところによれば、ヒトラーは我々に向けて進攻する用意が出来るまでは、FDRが期待して待っていても事件は起こさないだろう。その用意の出来た時に事件を起こすかも知れないし、何を起こさないかも知れない。

私は火曜日の放送の中で、FDRが「国家は非常事態にある」ことを宣言して欲しいということをこのメモの中に書いた。そしてさらにこのメモの中で、現在太平洋にいる米国艦隊を大西洋に移動すべきであると進言した。もちろんそのためには事前に国民に対する説明も必要であるし、万一の場合のために日本に対抗すべき必要な隻数はハワイに残さなければならないが。

金曜　5月30日　1941

火曜5月27日、FDRのラジオ放送を聞いた、四五分のスピーチで普段よりも長かった。この国で最高の聴衆であったはず。彼は非常事態（Total Emergency）宣言をした。しかし、私のいって欲しい類のスピーチではなかった。我々はもっと攻撃的（aggressive）でなければならないと思う。

〈後述するように対日経済戦争上、法的に意味のある宣言であった〉

クレタ島の英国軍は勇敢に抵抗したが守りきれなかった。ヒトラーは波状に兵を注ぎ込んだので、英海軍は多くの艦船を失った。こうして東地中海が英軍の手からドイツの手に移った。

ついで北アフリカがドイツ軍の手に渡るかも知れない。そしてヒトラーがジブラルタル攻撃にかかるだろうが、その前に彼は多分ポルトガルをとり、スペインについてはフランコを自分の側につける必要がある。

英国は必死に闘ってはいるが、後退を続けている。しかも我々はなお議論だけしている（we are still talking）。ドイツの新造戦艦ビスマルクが英戦艦フッドを沈めたが、そのあと今度はビスマルクが英航空機の攻撃にあって沈没した。最終的には航空魚雷が戦果をあげている。

米国製が働いている。

日曜　6月8日　1941

金曜6月6日の閣僚会議で私の番が来たから、日本と油について話した。私のところへ多数の投書やカリカチュア（諷刺画）が届いていて、それらは日本へ油やガソリンを積み出していることを取り上げている。その一方で大西洋岸の人々には、これら油・ガソリンについて割当制を実施すべく話し合いを行なっている。私は大西洋岸の困難さは一つには運輸の問題があって、供給の問題だけではないと説明しているが、やがて来る冬のために油が買えない人々は、日本向けの輸出について理解が出来ない。私は大統領とハルに噛み付いた。ハルは理解は出来るが仕方がないという。ＦＤＲはハルに三〜四日の余裕をやりなさいと云った。

ビル・ブリットは、ＦＤＲと先週金曜6日に昼食をとった。ＦＤＲは大変フランクであった由、ビルは国際問題についてどう感じているかをＦＤＲに話した。彼の意見は変わっていない、我々がタイミング良く有効にこの戦争に参加しなければ、英国は間違いなく亡ぶ、そして米国は独り残されて圧迫が重くなる。

ビルにいわせると、ＦＤＲはよくこのことは承知している。しかし、ＦＤＲは引き続き運を掴もうとしている。遅過ぎないで何かをやらねばと思っているが、ドイツ側が事件を起こすことを待っている。しかし、ヒトラーはその機会を与えるほど愚かではない。ビル曰く、もしＦＤＲの運が開けないで待ち過ぎて米国の文明を破壊することになれば、その過失は歴史に残るだろう。

ＦＤＲはこのこともよく認識しているが、同時によく考えてリスクに対処しているという自信を持っているという。この日、ビルはＦＤＲに具体的に提案をした。私にいわせればこの案は優れている（excellent）と同時に奇抜（novel）だ。

ＦＤＲが国会に行って、短い要を得た言葉でこう発言する。『もし国会が反対の共同決議をして私にその旨指示しない限り、大統領はドイツに対して二四時間後に宣戦を布告する』。国会は大騒ぎになるだろう。

〈念のためにいうが、対独宣戦を提案していて対枢軸国などとはいってない〉

この構想を聞いて、ＦＤＲはビルにいったそうだ。『その場合、上院ではこのような案が可決されるかも知れない（could carry）が下院では疑わしい（he was doubtfull of the House）』。いつものように彼は打って出る傾向を示さなかった。はっきりしている事実は、ＦＤＲは脅迫の言辞をときどき吐くが、行動をとらないことについては常に立派な理由を見つけ出す。

〈ＦＤＲは宣戦布告提案が、下院で必要な過半数をとれないと思っていた。大切な記録である〉

日曜　６月22日　１９４１

大事件が発生した、新聞を見て知った。ドイツがロシアに宣戦したのだ。私はロシアがドイツの攻撃に耐えると思えないが、しかし、ドイツは二正面作戦を行なうことになる。日本が枢軸側に立ってやっていくのか見物だ。枢軸側として位置するのだろうが、今まで我々が供給してきた油とガソリンの充分な供給が要るだろう。火曜６月17日、ＦＤＲが日本向けの油積み出しは国務省が止めたかと聞くから、私ははっきりと知らないと強調した。FDRはハルと話せというが、ハルは病気である。FDRが日本との情勢が大変で、デリケートな交渉が続行中であって、戦争になる危険があるといった。

〈六月十七日、日米戦争の危険ありという意味はよく判らぬ〉

木曜6月19日に日本向け油に関してFDRから手紙を受け取った。この手紙は有無をいわせぬ（peremptory）、ぶしつけな（ungracious）今までにないものであった。手紙は私に積荷は国務省経由で決済されるべきことを命令し、その手紙の写しが国務長官と輸出コントロール係のマクスウエル将軍に宛てられていた。よく話の中身を聞くように釘をさしたものだった（was intended to pin my ears back）。私はFDRに確かめの返事を書いた。

〈イッキーズは石油問題の調整役（cordinater）であった〉

土曜　7月12日　1941
ソ連駐米大使オーマンスキー夫妻が先週土曜7月5日に来訪、数ヵ月ぶりの会合で、独ソ戦が始まってから初めて会ったわけである。聞くと国務省の扱い方は悪い、この大使はまだハルにもましてFDRにも会っていない、会議はいつもウェルズ次官とやっている。驚いたことに、国務省から一〇〇マイル以遠の旅行は、つど許可を貰うのだそうである。大使は米国に三〇〇〇機の爆撃機と三〇〇〇機の戦闘機（pursuit plane）を要請したといった。地図の上でドイツとロシアが対峙している場所を指摘しながら説明してくれた。ロシアの国民には自宅にいること、ベルギーが侵略されたときのように先を争って逃げ出してはいかんと指示が出ている。レニングラードがアキレス腱であって、ここに工業地帯が集中している。但し、さらにウラル越えに奥深く工業地帯が出来ていると話した。彼の態度は自信のほどを示している。日本がどう出るかについては、オーマンスキーは情報を持っていない。

日曜　7月20日　1941

新聞の報ずるところによると、ハリー・ホプキンスが英国へ引き渡すべき爆撃機に乗ってロンドンへ飛んだ。

オーマンスキー大使が油とガソリンを欲しいといって来た。大型タンカー三隻を持っているので、あと二隻を借りたいという。油をウラジオストックで揚げることにした。

去る金曜日の閣僚会議でFDRが語るところによると、もし日本が明日、南仏印に侵入しても彼は驚かない。南仏印から日本はダッチ東印度を空襲できるし、シンガポールもビルマも攻撃圏内にある。もし彼らがビルマを攻撃するならば、蔣介石援助のビルマルートは閉鎖されて、戦争資材の補給が出来なくなる。私から再度、対日油の禁輸の提案をした。

FDRはもし日本が無茶をしたら（went overboard）我が国はもう油は積み出さないといったから、私は一般国民にガソリンの供給を三三・三パーセント減らすことにしたから、日本がこれ以上無茶をしなくても、日本向け輸出も相応に減らすべきだといった。FDRはウエルズ次官に研究してイッキーズと討議せよといった。

日曜　7月27日　1941

閣僚会議は木曜7月24日一四〇〇開催。前回の会議で予見された通り、日本が仏印に動いた。

フランスは平和進駐を認めないと武力占領するぞと脅かされた。外部に発表した平和進駐受諾の理由は、強欲な英国からの防衛を求めたからだと。会議で日本と中国の在米資金は直ちに凍結するべきことが同意された。この日本の大胆な敵対行為に対して、FDRは本日いまだに決心がつかずに、なおも油とガソリンを積み出し続けようとしている。

日曜　8月3日　1941

ディーン・アチソン（国務長官補佐）が、金曜8月1日に意気揚々と私に電話してきて、FDRが対日石油と高オクタンガソリンの輸出禁止令に署名したといった。特に喜んだのは、高オクタンガソリンのすべてと、それが造られる原油も禁輸になったことであった。ダッチ東印度も同様に対日輸出を禁止した。米・英・オランダ・中国・ロシア協同して日本をタックルするから、日本は数ヵ月で参るだろう。こういう質問があった。もし米国がダッチ東印度を占領して、我々の保護領としたらどんな効果があるかと。もし我々がそれをやって日本が油のためにこの島を手に入れようと考えたら、日米の戦争になるだろう。

（註）1、日本海軍と油

『日本海軍燃料史』という貴重な膨大な資料が一九七二年に発刊されている。これによると、一九四一年十二月一日における海軍貯油明細は、原油一四三万五〇〇〇、重油三六二万四〇〇〇、航空揮発油四七万三〇〇〇、イソオクタン二万七〇〇〇、航潤六四〇〇、普潤一万三六〇〇、内地以外九二万一〇〇〇、合計六五〇万キロリットル（六一七万五〇〇〇キロトン）。海軍の年間必要量は二八〇万キロリットル。

ところが、戦時はこの二・五倍、航空機は四倍要るといわれた（実績は艦船が四倍、航空機は七～八倍必要であった）。二・五倍の計算にしても二八〇万×二・五＝七〇〇万⊠、つまりよく戦後出た本に二年間の所要油量があったと書かれているが、戦争に入ったら一年と持たない量しか保有していなかったのである。開戦時はイッキーズの主張したように、パレンバン（スマトラ）とバリクパパン（ボルネオ）の油田を爆破されていたら、万事窮したのである。日本海軍の石炭から重油専焼への転換は一九一五年に始まって一九二九年に完了した。

（註）2、陸軍参謀総長マーシャルと海軍軍令部長スタークはFDRとハルに対して、何時頃まで外交交渉で時間を稼いで欲しいと頼んでいたか。

奥村房夫という教授の研究がある。この人は陸軍士官学校、陸軍大学校の卒業で、戦後早稲田大学で勉強、真珠湾両院合同調査委員会の報告四一巻を研究した。著書に『太平洋戦争前夜の日米関係』。

（イ）海軍軍備の不充分：日本の空母九隻に対して、米国は太平洋に三隻しか持っていないことに象徴される。戦艦はほぼ同数ながら対空火器不足、タンカー不足、比島軍備不充分。一〇〇機の四発爆撃機が欲しい。

一九四二年春まで時間が欲しい。

（ロ）軍需動員の未完：軍の動員とは、軍隊を平時編成から戦時編成に変えることであり、軍需工業も戦時情勢へ変えることが軍需動員である。第一次大戦では軍需動員に一六ヵ月かかったが、これを六ヵ月に短縮するにあった。米国はデモクラシーの兵器廠にならねばならぬと説いたが、民衆はあまりこれに乗らなかった。米国は兵器生産に慣れていなかったし、工業家たちは軍需工業への転換を嫌悪し（ヘンリー・フォードのような孤立主義者がいた）、特にデュポンのような火薬・弾薬製造業者の転換が遅かった。そして目途は一九四二年春であった。

水曜　8月27日　1941

我々は皆、FDRとチャーチルの洋上会談について若干神経質になっていた。FDRはマーシャル、スターク、ウェルズを随伴して無事に終了した。

金曜　8月29日　1941

本日付でFDRは、最高戦争会議を作った。〈ヘンリー・ワーレス（議長）　フランク・ノックス　ヘンリー・スチムソン　ウィリアム・クヌッセン　シドニー・ヒルマン　レオン・ヘンダーソン　ドナルド・ネルソン　ハリー・ホプキンス（特別大統領補佐官）〈イッキーズはこのメンバーから外れた〉

金曜　9月19日　1941

9月17日、シアトルへ汽車で旅行、ワシントンへの帰りの旅行は気が重かった。私とFDRの関係が悪くなっていて、何とか修復をしなければいけないと思う。

土曜　9月20日　1941

〈普段偉そうなことをいっているが、まったくFDRの方を向いた向日葵《ひまわり》みたいだ〉

ＦＤＲとの約束をとりつけた。9月22日月曜、昼食の約束をした。ロシアは激戦中。ドイツ軍を押し返している。レニングラードは抵抗中で包囲されている。ドイツはキエフを落としたと報告したが、ロシア側はこの情報を否定した。ドイツは明らかに油田を求めてコーカサスへ南下せんとしているが、トルコの油田を欲しがっているという話もある。ドイツは油とガソリンが死活問題となっている。何といっても、ロシアは誰も考えなかったほどによくやった。そしてこのまま奮闘を続けていくと、たとえ押し返されることがあったとしても、ヒトラーは最終的に勝つことは出来ないと思う。

土曜　10月18日　１９４１

10月16日の会議でＦＤＲが発表した。10月16日木曜、新しい日本の内閣が出来上がった。軍人主導の間違いなく狂信的愛国主義の内閣である。日本はふたたび鞘の中の剣をガチャガチャ鳴らせている。閣僚会議の終了後、ＦＤＲは戦時顧問（War Adviser）を招集した。すなわち、ハル、スチムソン、ノックス、マーシャル、スターク、そしてもちろんホプキンス、これらの賢い連中なしには我々は今や何事も解決出来ないのだ。

長い間、私は戦争に入る最良の道は、日本との戦争を経過することだと信じて来た。我々は以前に比べてこの最終的な案に間違いなく近づいて来た。そしてもちろん、もし我々が日本との戦争に入れば、不可避的にドイツとの戦争に導かれる。

日曜　11月30日　１９４１

ＦＤＲは閣僚会議を木曜11月27日に招集していたが（彼は11月28日にオームスプリングへ

出かける予定であった）、これを取り止めて日本との交渉に入った。国務省はここ数日の間、来栖三郎特別使節、野村吉三郎大使との間に、しばらく途切れていた交渉を持って来た。私は長い間、国務省が日本に対して宥和政策を再開していると疑って来た。

聞くところによると、国務省は三ヵ月の暫定協定を提案したという。まとまれば我々は綿花や他の商品の出荷を再開することになっていたが、しかし一番大切なことは、そのリストの中にガソリンが載っていたことである。結局中国と英国の強い反対があって、この妥協案は提案しないことになった。今や日本との関係は極度に緊張している。朝刊のトップは、日本が米・英の影響をアジアから追放すると荘重な声明を出したと報じている。

日曜　12月14日　１９４１

12月7日、我々は日本との戦争に入った。特別閣僚会議が7日夜二〇三〇ホワイトハウス大統領書斎で開催された。ホワイトハウスの入口は群衆で混雑していた。人々は静かで真剣であった。ＦＤＲも真剣、彼はスピーチを始めた。１８６１年（南北戦争）以来、内閣が遭遇した最も深刻な事態であること、空襲の情況、被害の模様、グアム島、シンガポール、マニラ、ホンコン等々が攻撃を受けたこと、日本の大使が遅れてやって来たことなどを説明した。ハルはまるでキリスト教殉教者（christian martyr）のような顔をしていた。

ＦＤＲは月曜日に国会で行なうスピーチを準備していた。それは日米間に戦争状態のあることを宣言することの承認を求めるものであった。ハルはこれに関連二〇～三〇頁に及ぶ長いメッセージを望んだが、ＦＤＲは短いものを希望した。両院のリーダーたちが呼ばれて集まって来た。みんなＦＤＲを支持するように見えた。

ＦＤＲは繰り返し閣僚に対して、ドイツとイタリアは我々に宣戦する、それは月曜日の正午までに行なわれると云った。私が米国はドイツとイタリアに宣戦するのかと聞いたら、ＦＤＲははっきりとイエスといった。この同じことは国会のリーダーたちに明らかにされた。コナリー上院議員が鋭く質問して、何故こんなに従順な家鴨のようにやられたんだと。多くの人が同じように疑っているが、答が出て来ないのだ。ノックス海軍長官は困ってしまっている。

読み終わって私見

①この日記は歴史を物語る多くの会話が記録されているし、ＦＤＲの主宰する閣僚会議の様子が判って興味尽きない。

②一九四〇年六月、フランスの崩壊が決定的になった頃、ＦＤＲは三選に出馬する決意を固めるが、仕方なく選挙に引っ張り出されるという形をとるところが、イッキーズにいわせると度が過ぎるのだが、日記の中で手に取るように判る。この時期がナチを殺そうと方針を決めたときだと史家の多くが説くところであるが、さて六月に陸海軍長官を共和党のスチムソン、ノックスに決めたものの、そのあと三選を果たして一九四一年夏頃まで日記にたびたび出て来るように、盛んにその指導力の不足を批判されている。ＦＤＲはこの頃、何を思案していたのだろうか。

（a）一九四一年四月二十六日、五月十日、六月八日の日記が語っているように、もはや正面切って議会に対独宣戦布告を提案すべきだと有力な人々が考えた。六月八日にはＦＤＲの信任厚いビル・ブリット駐仏大使が登場するが、ブリットやイッキーズだけではない。陸軍長官スチムソンはその日記によれば、一九四〇年十二月十六日、スチムソン、ノックス、マーシャル（陸軍参謀総長）、スターク（海軍軍令部長）の四人が集まって、この天下の情勢は米国が最終的に参戦しなければ解決しないという意見の一致をみた。そして一九四一年七月三日には、スチムソンはＦＤＲに手紙を書いて議会ではっきり言明されたいといって、そのためのスピーチの原稿まで添付した。しかし、ＦＤＲはこのアドバイスに従わなかった。

しかしブリットに対してはＦＤＲは答えて、議会に提案しても、特に下院では過半数の賛成票をとることは疑わしい（doubtfull）といった。いったん提案して議会に否認されたときに蒙る打撃は、想像を絶するとも思ったのであろう。さらに、米国の青年を海外の戦場に送るようなことはしません〈他国から攻撃を受けた場合を除いて〉と選挙で公約をしている。

I shall say it again, again, and again と、ボストンで大勢の人々に約束している。

一方、ヒトラーは、イッキーズやブリットがたびたびいうように、用心深くて彼の方から米国を攻撃して来そうにない。そのような頃一九四〇年九月二十七日、日本がドイツ、イタリアと三国同盟を結んだ。日本が米国に向かって発砲攻撃して日米が戦争状態に入ればドイツ、米国の戦争がこの三国同盟から帰結されて来ると、ＦＤＲが考えたとしても不思議ではないだろう。こうして裏口からの戦争（Back Door to War）しかＦＤＲの指導力発揮の道はないように思われて、しからばどうやって日本に先に発砲させるかと思案を重ねていたのではないか。

（b）もう一つ、FDRは当時の英国だけを味方にして欧州上陸作戦をやって、あのドイツ軍に勝てるかという肝心の思案をしていたと思う。チャーチルに作戦上の異論があったにせよ、対独宣戦布告からノルマンディ上陸まで二年半もかかってスターリンが激怒したことを見ても、その心配は判ろうというものだ。

一九四一年四月十二日の日記にドイツが大チョンボ（Blunder）をやろうとしていると周囲に洩らした話が出て来るが、これは間違いなく独ソ戦敢行という大チョンボの話である。FDRはほっとしたに違いない。最終的に日米戦経由の対独戦に断を下したのは、ハリー・ホプキンスがソ連に飛んでスターリンと会見して、その報告が届いたあとの、一九四一年夏であったと思う。そのときレニングラードを前にして、ドイツ軍の進撃は止まっていた。そしてさらにこのとき、日本軍が南部仏印に上陸して来た。

③日本に対してFDRは何時から戦争に訴えるつもりになったか。

中国と日本を公平（impartial）に取り扱う原則でやってきた米国外交が一挙に転換したのは、一九三七年十月五日、FDRがシカゴで行なった有名な防疫演説以降であるという（C. Tansell : Back Door to War）。

日中戦争における日本の行動を非難して、こういう連中は国際的隔離病院（Internationl qurantine）に入ってもらうほかないだろうと演説した。日本に仮想敵国のスタンプを押したわけであるが、以下のように、その後次第に経済制裁の圧力を高めた（『対日経済戦争一九三九〜一九四一』土井泰彦）。

この日記の中で最も頻度高く登場したのは、石油禁輸（Oil Embargo）の話題である。一九四〇年二月十一日に始まって、六月二十九日、七月二十七日、八月十日、九月八日、九月二十八日、十二月一日、一九四一年六月八日、六月二十二日、七月二十日、七月二十七日、八月三日と続く。

この中で一九四〇年八月十日、モルゲンソーと、陸海両長官から米英共同の Oil Embargo の案が提案された（北部仏印進駐前の時点で、日本の戦争機械の運転を止めようとした：ウェルズ）。当時米国の戦争準備不充分が理由で延期されたが、一九四一年の夏になって発動されたわけである。このとき〈つまり一九四〇年八月十日〉米政権主要閣僚は、対日戦争を決心したと思う。

この土井泰彦教授の最近の研究によると、一九三七年、パネー号事件が起きたときに在米日本資金の凍結が研究されたという。一九四一年七月二十六日、南部仏印進駐の動きが暗号解読されるや、二十八日、上陸する前に資金が凍結された。実際に石油が一滴も入って来なくなったのは二十六日からである。八月一日、石油は全面禁輸された。手ぐすね引くとはこのことである。

一九四〇年七月二十七日、南進をうたった時局処理要綱が大本営連絡会議で決まり、一九四一年七月二日、御前会議で南部仏印進駐が決まった。この間、米国による対日経済封鎖の

1939.7.26	日米通商航海条約の廃棄声明
1940.1.26	〃　〃　失効 最恵国待遇取消によって輸出規制への道を開いた。
7.2	米、国防強化促進法（輸出統制法）成立。輸出許可制度を導入 輸出許可品目リストを発表し輸出統制管理官制度が発足した。（6月22日の日記に登場のマクスウエル少将がこの管理官）
7.26	7月2日付の許可品目に追加して航空揮発油・航空潤滑油・テトラエチル鉛・第一級屑鉄を輸出許可制下においた。（禁輸した）（イッキーズ日記7月27日）
7.27	大本営・政府連絡会議で、時局処理要綱決定南進政策
9.26	鉄と屑鉄の対日輸出禁止発表（日記9月28日）
10.16	同上実施
12.31	鉄鉱石・銑鉄・合金鉄・半加工鉄鋼製品を輸出許可制に〈禁輸する〉
1941.3.11	武器貸与法成立（中国はその被援助国となる）
5.27	FDR、国家非常事態を宣言 （これによって平時における枢軸国への資金凍結政策などに欠かせない大統領権限の強化が齎らされた）
7.2	御前会議：独ソ戦不参加、南部仏印進駐を決める。
7.26	米、在米日本資金を凍結（国際経済関係から遮断された）
7.31	副大統領ウォーレスを議長とする経済防衛会議発足
8.1	米、対日石油全面禁輸、ダッチ東印度これにならう。

1937.7.7	蘆溝橋事件
1937.12.	パネー号事件
1938.10.	武漢三鎮・広東攻略
1940.5.15	オランダ降伏
5.28	ベルギー　〃
6.16	パリ陥落
9.16	米、選抜徴兵法成立
9.26	日本軍北部仏印進駐
9.27	三国同盟調印
12.28〜1941.6.17	日蘭交渉
1941.6.14	在米独伊資金凍結
6.22	独ソ戦
7.28	日本軍南部仏印進駐

トに落ち込んだ。

結果、一九四一の鋼材輸入額は前年の二七パーセントに、屑鉄輸入額は同じく一五パーセン

ところで、我が方にもこの油の禁輸を予見して深く憂慮する人もいたが、まさかと思う人が多かった。殆《ほとん》ど予期しなかった、それは日米開戦を意味するからルーズベルトが敢えてこの段階でその措置をとるとは思わなかった（『大東亜戦争の実相』瀬島龍三）。『運命の一石であった。大本営は全面禁油は、対日戦を決定した時であると判断していた。だから未だ発動しないと思っていた』（『大東亜戦争全史』服部卓四郎）。

〈蘭印を攻略すればともかく、南部仏印に平和進駐しただけではないか、という意味である〉

石油禁輸をしばらく続ければ、日本の海軍は間違いなく自然死する。したがって八月一日以降の日米交渉は、この Oil Embargo を解除させるための条件闘争と化した。周知のように急ぎ近衛／FDR頂上会談を提案したが実らず、東郷外相が苦心惨憺、陸軍も涙をのんで最後のA・B案を提示したがこれも実らず、遂に一九四一年十一月二十六日のハルノートは、繰り上げた実質対日宣戦布告であった。まさに十月十八日のイッキーズ日記の路線であった。

もし戦争原因が日中戦争における日本の攻撃（Aggression）に対する米英の強硬な干渉行為であるというのならば、十一月七日のA案、十一月二十日のB案によって、日本軍はほぼ蘆溝橋事件以前の態勢に戻るのを見てほしい。しかも撤収に二ヵ年という決心は、ハルが示唆した数字であった。二六日になってただちに撤収に衣替えをした。満州からの即時撤収の

如きは、十一月二十六日に初めて出てきた話である。

この日記の中で、禁油が招く結果がたびたび議論された。日本はダッチ東印度の油を求めて兵を進めて、その側面を衝かれないために、パールハーバーを先に〝発砲〟攻撃したのであった。かくして、Back Door to War（裏口からの戦争）は経済戦争、石油戦争であった。石油戦争は国会の承認を必要としなかった。

以上のような展開の流れを、この日記は語っているように思う。

（「海軍兵学校第70期会会誌」再刊第29号・平成十五年九月十五日）

満州事変・大東亜戦争は侵略戦争であったか

はじめに

辞書をひくと、侵略とは他国に侵入してその土地を奪い取ること（広辞林）、略とは他人の生産地に乗り込んでおかすこと（漢語林）とある。そもそも「漢字使用文化圏の民族はこの字の意味をよく知っているから、日本の侵略戦争という言葉に極めて鋭敏に反応する。そしてこの文字には犯罪的な色彩と臭いを添えて解釈する（小堀桂一郎教授、佐藤和男教授）」。太平洋戦争の第一線にあった我々が、平成五年八月の細川首相や平成七年八月の村山首相が、日本の戦った大東亜戦争は侵略戦争であったと言明したときに受けたショックと憤激は並み大抵のものではなかった。

国際法の観点からまず言葉の整理が必要であるから、七五期の佐藤和男という国際法の権威から聴く。佐藤教授によると、一九二八年に生まれた有名なパリ不戦条約（ブリアン・ケロッグ条約）以来、戦争は War of Aggression（Aggressive War）と War of Self-Defence

（Defensive War）に分類して議論されている。訳語はというと、後者を自衛戦争と呼ぶことについてはスンナリとおさまるが、前者については国際法上挑発を受けない（unprovoked）のに行なう、正当な理由のない攻撃を意味していて、「奪い取る」という意味はまったくない。この言葉を侵略戦争と訳すのはまったくの誤りである。「私は進攻と訳すのが良いと思う（佐藤）、私は先制攻撃と訳すのが良いと思う（小堀）」。にもかかわらず日本では侵略と誤訳されてしまって、すでに学術的に承認された述語であるかのように、侵略戦争という言葉を使って怪しまない。

戦争状態の下で軍事行動の一環として行なわれた東京裁判では、満州事変及び大東亜戦争をWar of Aggressionと断定した。そしてアグレッションは国際犯罪で、その責任は戦争指導者個人に追求されるとして、国際法の通念を全然無視した主張を貫いた。

細川総理はサンフランシスコ講和会議で、日本が東京裁判の結果を受け入れたから私は侵略戦争だといったんだと国会答弁をしている。ここにも大きな誤解があって、「連合国戦争犯罪法廷の裁判を受諾し」と平和条約第一一条を和訳したが、原英文ではここがJudgementであって、Trialではないから判決を受諾したと訳すべきものである。つまり拘禁中の囚人を釈放しないという約束をしたのであって、東京裁判の結果を受け入れたといったわけではないのである（小堀、佐藤）。しかも細川総理も村山総理も、おそらく「日本はこの戦争において自衛といい難い戦争を闘って迷惑をかけた」と言おうとしたのだと思う。決して「日本は相手国の領土を占領して政治的主権を獲得しようとして迷惑をかけた」と言いたかったわけではないことは明らかである。

私は以下戦後明らかにされた記録に基づいて、満州事変、大東亜戦争（日中戦争及び太平洋戦争）が、自存・自衛の戦争であったかなかったかを明らかにしたい。そうすることによって満州事変、大東亜戦争がAggressive War（進攻戦争）ではなかったこと、ましてや侵略戦争に非ざることを記録が語ると思うのである。なお自国領土以外の海外の地に存在する合法的権益を防守するのも、自衛と見なすことは国際法上確認されている。

以下〈 〉内は著者註釈、（ ）内は補助説明。

戦いの時代をどう時間的に区分するか

満州事変　柳条湖事件　一九三一年（昭和六年）九月十八日から

塘沽協定　一九三三年（昭和八年）五月三十一日まで

〈戦争宣言を行なっていないから事変である〉

日中戦争　蘆溝橋事件　一九三七年（昭和十二年）七月七日から

終　戦　一九四五年（昭和二十年）八月十五日まで

〈一九四一年（昭和十六年）十二月九日、蔣介石が日本に対して宣戦を布告した〉

太平洋戦争　真珠湾攻撃　一九四一年（昭和十六年）十二月八日から

終　戦　一九四五年（昭和二十年）八月十五日まで

一九四一年（昭和十六年）十二月十日、政府は蘆溝橋事件から終戦までを、大東亜戦争と呼ぶことを決定した。

満州事変

事変前の事情

①日清戦争の結果、下関条約によって朝鮮独立の承認、遼東半島・台湾・膨湖諸島の割譲、賠償金の支払いが合意されたが、露・仏・独三国の戦争をもってする脅迫の下に行なわれた干渉は、遼東半島に対する日本の主権獲得を阻んだ。涙をのんで日本軍が撤退するや、この三国及び英国は中国にその領上の移譲を強制し、露に至っては中国と秘密条約を締結して全満を占領して朝鮮にも侵入せんと企てた。そのため日本は一九〇四〜一九〇五年露と戦い、勝ってポーツマス条約によって失地を恢復（ロシアが返還）したのである。日露はその後諸協約を交わして、満蒙における勢力範囲をとり決め、中国との間では一九〇五〜一九一五年にわたって、幾多の条約、協定を結んだ。

②三〇〇年の歴史を誇った清朝は、一九一一年辛亥《しんがい》革命によって崩壊した。一九一七年には露国革命が起こって、極東を大きく混乱に陥れた。一九二〇年には中国共産党が誕生した。

清朝崩壊後の地方軍閥、政党などの葛藤混乱については説明に余るので、後掲の別表「中国内戦、国民党、コミンテルン等の動き一覧」を参照願いたい。北京を本拠とする北洋軍閥と、南京・広東を本拠とする南方軍閥の激しい争いの中から、国民党が南から勢いを強めたが、北・南両グループとも、それぞれその内部で熾烈な抗争が絶えず、この頃の中国は一言でいうと、責任能力を持った政府のない、形だけの国家というのが実態であった。

その中で顕著なことは、コミンテルン（ソ連共産党の国際組織）のこの国への滲透ぶりとその侮り難い勢力であった。レーニンはさらに後述するように、まず中国に共産勢力を植え付けて、アジアから世界革命を目指す方針をとったといわれる。辛亥革命を指導し、一九一八年には中国国民党党首になった孫文は、一九二三年、コミンテルンのヨッフェと会って国共合作の方針を決め、さらにボロジンを政治顧問に迎えて反帝国主義を唱えた。一九二四年には広州で国民党第一回全国代表大会を開催して国共合作を決議した。かくしてコミンテルンは中国共産党を通じて、ワシントン条約下の中国の外交政策、国民党の北伐（北方軍閥討伐）政策その他政略・戦略の基本を陰で牛耳っていた。一九二五年、死に臨んだ孫文は、ソ連さえ中国を支援し続けてくれればと繰り返したという（『平和は如何に失われたか』ジョン・マクマレー）。

③孫文を継いで国民党を率いた蔣介石は（別表のとおり）北伐を敢行、一九二八年六月北京入城、国民党の全国制覇が実現した。一方、張作霖を継いで満州の支配者となった張学良はこの年の十二月、いわゆる易幟（旗色を替える）を行なって蔣介石に忠順を誓った。この張学良が国民党と組んで、外国人権益のことごとくを一掃せんとして多数の法令を発布した。張学良の日本人への圧迫弾圧は筆舌に尽くし難く、奉天だけでも日本人、日本企業の被害は年間三〇万件を超えたといわれる。特に朝鮮人入植者が弾圧を受けた一九三一年七月の万宝

山事件、さらに同年八月に起こった中村陸軍大尉殺害事件は満州の緊張を高めた。

三年前の一九二八年夏、重大なケースが発生していた。中国が一八九六年と一九〇三年の日清条約（通商航海条約）の廃棄宣言をして来た。両条約は日中間における全条約体系の基礎をなしていたものである（満州に関する条約は、後述一九〇五年及び一九一五年の日清条約である）。

さらに『全国を制した国民政府は、一九三一年五月、国民会議を開いて革命外交と呼ぶ政策を決定した。その革命外交の中で、第一期は関税権の回収、第二期は治外法権の回収と進んで最終的には租借地や鉄道などもすべて回収することを謳ったのである。つまり、日本人が生命線と呼んでいる満鉄と旅順・大連すべてを日本から奪回するという宣言を行なったのである』（『石原莞爾と昭和の夢』福田和也）。

前記『……』はきわめて重要な蔣／張の宣言だと考えたので、私が「外務省外交資料館」へ出かけて調べたところ、一九三一年五月の国民会議議事録の中には見つからなかったが、一九二九年十二月二十八日付の中国政令の英訳が見つかった。内容は条約の一方的廃棄が謳われており、一九三一年二月末までに満足すべき結果が得られなければ、外交以外の手段に訴えるとある。

一九三一年十一月十九日付、在南京重光特命全権大使から外務大臣その他関係先に送付された英訳「中国革命外交」なる文書の中に、これを発見することが出来た。この国民党の宣言を遵奉する張学良の四五万人の大軍に対して、日本の生命線を守備する関東軍は、条約に定められた一万五〇〇〇人に過ぎず、一触即発の危機感が高まっていた。

④満蒙における当時の日本の特殊権益とは、ポーツマス条約を承認した日清条約（一九〇五年）及び二十一ヵ条要求の結果たる一九一五年の日清条約及び交換公文によって規定された権益を指す。すなわち、一、関東州（遼東半島）の租借権（中国が一八九八年露に許与した二五年租借期限の満了する一九二三年から、一九一五年条約により九九年延長されて一九九七年まで）。二、南満州鉄道（九九年延長して二〇〇二年まで）、安奉鉄道（九九年延長して二〇〇七年まで）の経営権。三、南満州内部の居住、商業のために開放された地域以外に土地を賃借する権利。四、南満州内部での旅行・居住・営業する権利並びに東部内蒙古で日支合弁により営業をする権利。

これらはすべて日本／清国間に締結された条約に基づく権益であると共に、日本が血を流した特殊地位であった。

ワシントン条約体制と満州事変

第一次大戦後のアジアにおける国際秩序を支えるものは、英米が主宰するワシントン条約であった。一九二二年にソ連を除く日本・中国・英・米・仏・伊・ベルギー・オランダ・ポルトガルの九ヵ国間に合意されたワシントン条約は、それに付随する軍縮条約は別として、米英両国がリードして、列強の協調外交方式下に事を運び、かつ国際法の厳密な枠内で運営されるべきものであった。

もしトラブルが発生したときには、かならず関係列強間で討議をして対策を樹てることを原則として、単独主義をとらない方針であった〈しかしこのことを明示する条文はなかった〉。日本は国際間協調方式を信頼して、日英同盟の廃止に賛成したし、誠意をもって協調主義を垂範した。

英国歴史家クリストファー・ソーンは日本は立派であった、幣原外務大臣は辛抱強く対応を続けたのに米英の支持が不足したといっている。さらにワシントン会議に主催者ヒューズ国務長官に随行した中国問題の権威、米外交官ジョン・マクマレーが書いた"How the peace was lost"(『平和は如何に失われたか』七八期衣川宏訳)という貴重な本が、この時期の関係国の動きを精緻に物語ってくれる。その巻頭言と要約を書いたウォルドロン米海軍大学教授がいうには、「ワシントン条約体制の崩壊を最終的にもたらしたのは、いうまでもなく満州事変であったが、ワシントン体制における諸条約を無視した中国の政策と、それに迎合したアメリカの政策が一九二〇年代の後半にこの体制の精神を掘り崩してしまい、それが日本の武力行使を招いたというのが、著者マクマレーの見解である」と。

マクマレーは、著書の中でこういっている。「ワシントン会議で樹立された政策が成功するか失敗するかは、中国自身と英・米の手に握られていたといってもよいだろう。中国はワシントン会議に嘆願者の立場で参加しており、当初は心から感謝の意を表わしていたのが、条約の効力発生が遅れた三年の間に、その態度を根本的に変えてしまった。コミンテルンの政策を実行するソビエト政治顧問たちによって熱心に誘導されていった」。

前述のとおり一九二八年夏、重大なケースが発生した。一八九六年と一九〇三年の日清条約を中国が廃棄宣言してきたのである。この両条約は日中間における全条約体系の基礎をなしているものである。張学良が蔣介石に対し、満州の忠順を宣言し、満州に国民党勢力の伝播を許容した一九二八年に、宣言してきたのである。米国は手を引いて一切関与しなかった。

だから、一九二八年九月、前外務大臣内田康哉伯は出張し、米国務省を訪ねて質問した。「日本政府はアメリカ政府が中国問題に関する国際協力理念の保証人であると認識している。中国をこの国際協力の枠組みに引き戻すには、決定的な影響力を持つアメリカがその保証人たるの地位を放棄するのか否か日本は知りたいと願っている」。この質問に対する回答についてマクマレーは、「アメリカ人は結局、中国贔屓《びいき》なのであり、中国の希望に肩入れすることにより、協力国の利害を無視してでも自らの利益を追求しようとしている……と内田伯はこんな印象を抱いて辞去したに違いない」と。

またマクマレーは、「なお条約の遵守という基本問題について、中国が横車を押したのに対して、アメリカ政府は日本に厳しく中国に好意的な立場をとったのが日本にとって重大だった」といっている。なおマクマレーは、このメモランダムを書いた一九三五年の時点で、アメリカは日本との戦争を避けるべきである。日本を倒しても何も残らない。ソ連がそのあと極東を奪うだけだといっている。

こうして、ワシントン条約体制を真面目に守ろうとしたのは日本であって、その条約が決めた手順によらずして挑発したのは中国であった。そしてこの〈国家の態をなしていない〉国の挑発を看過したのが米国であった。日本はまさに追い詰められた挙句、南満州の重要権益を守るために四五万の敵に対して一万五〇〇〇人で銃をとらざるを得なかったのである。自衛の戦争であった。

〈記録を辿りながら心底口惜しい。歴史家にいわせると米が日本の中国進出を懸念して、日英が手を組んで中国対策を行なうことを阻止せんがために、日英同盟の終結を強く英に迫った〉

日英同盟は一九〇二年に締結されたが、一九〇五年、ポーツマスで講和交渉が進行中に第二次同盟条約が結ばれ、さらに一九一一年修正継続されたものである。この同盟を失って日本は孤立した。

一九二一、一九二二年当時、中国は内乱状態にあり、条約義務履行能力のある政府を持っていなかった。ケロッグ国務長官もスチムソン長官も、それだからこそ中国の主権を尊重し、有力な国家政府の発達を助長するために九ヵ国条約が必要だといった。

マクマレーは当初、感謝の意を表わしていた中国が、三年の間に態度を変えてしまったといっているが、一九二三年国共合作が成立して、クレムリンがこの弱い政府になり替わって指令を発するに至ったからだ。この頃遅れ馳せながらソ連を条約国に入れるべきであった。協調外交方式が崩れ、単独行動禁止条約もなく、中国が条約改訂ないし廃棄方針をわめくに至っては、幣原外相の友好外交は物事を悪化させるばかりであって、どう考えても米国の陰謀だとしか思えない。日本の悲劇の始まりは、この九ヵ国条約を含むワシントン体制であった。

もう一つ。英国の歴史家クリストファー・ソーンがその『満州事変とは何だったか』の中でいうには、「一九三一年、日本は前世紀に西欧から教えて貰ったことを実施しようとしたのである。それは結局、力は銃身から生まれる、その他のことは虚飾に過ぎない」と。〈とんでもない誤解である。血を流して、条約を結んで確保した重要権益を、中国はその条約を無視して無残に蹂躙しようとしていた。日本は危急存亡の淵にあって、自存自衛の銃をとったのである〉。

一九三一年九月十八日夜十時三十分

在奉天日本守備隊河本中尉は兵卒六名を率いて、警戒任務を受け奉天北方の南満州鉄道（満鉄）線路に沿い南方に向かって防禦演習を行なっていたときに、後方に爆発音を聞いた。爆発地点に引き返した時に、北大営方向から射撃された。爆発地点では線路に三一インチの間隙を認めた、というのが奉天事件の発端である。

奉天守備隊の反撃は北大営と奉天城に始まり、翌日、奉天市始め満鉄沿線の主要都市を占領した。さらに吉林への出兵を機に、九月二十一日には朝鮮軍が越境支援、十一月にはチチハル、翌年二月にはハルピンを占領した。一月末に上海に飛火して衝突が起こったが、この間を縫って三月一日、満州国誕生成立宣言をした。

上記鉄道線路爆破について、関東軍板垣参謀、同石原参謀が工作陰謀を行なったとの噂があるが、終戦時自決した本庄（当時の司令官）は、その遺書でこれを否定しており、パール判事は東京裁判における石原証言等の調査をベースに、真偽のほどは不明だといっている。

別表——中国内戦・国民党・コミンテルン等の動き一覧

1911	10	辛亥《しんがい》革命 孫文の指導による
1912（明治45年）		宣統帝（溥儀）退位（清朝滅亡）し中華民国樹立さる。表面上、革命党の成功のように見えるが、実は孫文が袁世凱に敗れて成果を横取りされたもの。その後、軍閥の内戦が続く
1913		初の国会選挙、袁世凱総統に就任
1914	7	孫文、中華革命党を結成（広東）、日本対華二一ヵ条要求を提出
1915		対中華民国二一ヵ条最後通牒を受諾。
1914〜18		第一次世界大戦
1916（大正五年）	6	袁世凱死去、総統を継いだのは、黎元洪《れいげんこう》（一九一六〜一七）、馮玉祥《ひょうぎょくしょう》（代行、一九一七〜一八）、この段階で奉天軍閥張作霖台頭、奉天派／直隷派の対立となった。一九一八年、両派の調停役として徐世昌《じょせいしょう》が総統に就任、そのあと黎元洪（一九二二〜二三）、曹錕《そうこん》（一九二三〜二四）、空位（一九二四〜二八）、次いで蒋介石（国家首席、一九二八〜三一）、林森（一九三一〜一九四三）、空位（一九四三〜四六）、蒋介石（一九四六〜四九）となる
1917	10	ロシア10月革命
1918	10	孫文、軍政府樹立（広東）
1919		ソ連はその帝政時代に北満州において獲得していた特権の放棄を宣言した
	3	コミンテルン第一回大会（レーニンの指導による）
1920（大正九年）	1	中国が国連に加盟（オリジナルメンバーである）
	7	コミンテルン第二回大会
	8	中国共産党結成（上海）陳独秀

自1921 至1922	11 6	この間、ワシントン会議、九ヵ国条約、四ヵ国条約、海軍軍縮条約成立
1921	6	コミンテルン第三回大会
	7	中国共産党第一回全国大会
1922	4	奉天派と直隷派北京郊外で衝突（第一次奉直戦争）、これに敗れた張作霖は奉天に退去して、東三省（遼寧・古林・黒熊江）の独立を宣言した（ワシントン会議は、中国がこの内乱状態のときに開催されている。代表は駐米公使施肇基《しちょうき》と、駐英公使顧維鈞《こいきん》であって北洋軍閥から派遣されている。直隷省は現在の河北省）
	6	中国共産党第二回全国大会（上海）、国共合作を討議
	11	コミンテルン第四回大会
1923	1	孫文・コミンテルンのヨッフェ共同宣言
	6	中国共産党第三回全国大会　国共合作を決議
	10	直隷派は議員を買収して曹錕を総統に選出、北京政府の実権を固め、呉佩孚《ごはいふ》を総司令に任命して、張作霖討伐を断行、一九二四年、第二次奉直戦争が起こった。しかし直隷軍が敗れ、張作霖がふたたび北京政府の実権を握り、その勢力は華中にまで及んだ
1924	1	レーニン死去
	3	中国国民党第一回全国大会、第一次国共合作開始
	6	コミンテルン第五回大会
1925	3	孫文死去
	5	5・30事件（上海の日系紡績工場の労働争議に端を発し、学生の暴動をひき起こし、反帝国主義運動が全国に拡がった有名な事件）

1926	7	国民政府発足（於広東）
	7	国民党蔣介石軍が北京政府打倒、軍閥討滅を掲げて北伐戦争を開始、これに対して北洋軍閥は大同団結して張作霖を総司令とした
1927	1	武漢国民政府発足
	4	蔣介石は4・18、南京に国民政府を樹立して、共産分子を粛清、国共合作崩壊
	9	中共（毛沢東ら）湖南で蜂起、毛沢東井岡山に革命根拠地を樹立
1928	5	北伐中の国民党が山東省済南を落とすや形成は決定的となり、張作霖は北京を退去して奉天に帰る途中、列車が爆破されて死亡した
	6	蔣介石北京入城、ここに国民党の全国制覇が実現した
	7	コミンテルン第六同大会
	12	張学良は国民党の青天白日旗を一斉に掲げさせた。南京国民政府が中国統一、張は東北辺防軍総司令に任ぜられ、同時に満州政権の長官として確認された
1929	3	蔣介石対広西派軍閥（李宗仁）戦争勃発
1930	7	蔣介石対閻錫山《えんしやくざん》・馮玉祥・李宗仁戦争（中原戦争）勃発、中華民国最大規模の内戦といわれる。兵力計一五〇万、犠牲者三〇万
	9	汪精衛ら反蔣政府を樹立
	10	蔣介石、中共に対する第一次包囲討伐開始
1931	9	柳条湖事件（満州事変）
1949		共産党政府の樹立、中華人民共和国となる

関東軍一万五〇〇〇名、張学良軍四五万人であった。

リットン（Lytton）報告書

満州事変の報に接して、そして日本の提案によって国際連盟はリットン調査団を編成して派遣した。一九三二年一月十四日任命、二月二十九日東京着、七月二十日北京にて報告書起草、九月四日委員により調印。パール判事は東京裁判における満州問題に関するもっとも重要な証拠は、リットン委員会報告書である。検察側は主としてこの文書に依拠したのであるといっている。史家岡崎久彦元大使は、リットン報告書がもっとも中正な史観といえるでしょうといっている。

報告書は英文で一四八頁にのぼる大部のものであるが、要は第九章「解決の原則及び条件」、第一〇章「理事会に対する考察及び提議」にある。まず第九章では満州の事態は世界でも類例のないものであって、一切の事実及びその歴史的背景に関して充分なる知識のある者のみが、決定的意見を述べることが出来ると。（The issues involved in this conflict are not as simple as they are often represented to be. They are, on the contrary, exceedingly complicated and only the intimate knowledge of all the facts, as well of their historical background, should entitle any one to express a definite opinion upon them.）

さらにこれは事変前の状況を回復すればよいという問題ではなく、そうしても同じ紛糾を繰り返すだけであるという。但し、満州に現在出来ている政権（満州国）を維持、承認することは国際的な約束にも反し、中国は決して了解しないだろうから、平和の基礎にならず

「一九三一年九月以前への復帰」ではなく、「将来における満足すべき政権は、過激なる変更なくして現政権より進展せしめ得べし」と判断して、そのために一〇ヵ条の条件を提示している。

これらの項目は一見すると中立的に見えるが、その実態は日本に有利なものである。例えば第四項「満州における日本の利益の承認」の如きは、「満州における日本の権益は、無視することを得ざる事実にして、如何なる解決方法も右を承認し、かつ日本と満州との歴史的関連を考慮に入れざるものは満足なるものに非ざるべし」とある。

第一〇章では中国の領土権、行政権を認めた上で「広汎な自治を付与」することを提案し、自治政府は外国人顧問を任命するが、「そのうち日本人が充分な割合を占めることを要し」、治安は「外国人教官の協力」を得た「特別憲兵隊」によって守られるとしている。事件解決後は、それまで行なわれてきた中国による反日ボイコットを抑制することも提案されている。

岡崎大使の話では、この報告書が発表されたときの駐仏大使（国際連盟日本代表）としてパリーにあった芳沢謙吉も回想して、「その結論とするところは満州に独立政府を作ったことはよくないが、満州における日本の立場と権益はこれを尊重しなければならない。すなわち日本の立場を侵略として認めず、したがって連盟第一六条の制裁規定を発動しないということであった」と述べている。これが当時の総括された見解である。しかし、日本政府はその内容を受諾できぬものとして対処した。

さらに興味をひくのはこの調査団が、問題の線路爆破地点を観測して所見を述べている箇所である。

「鉄道に対する損傷はもしありとするも、事実長春よりの南行列車の定刻到着を妨げざりしものにて、それのみにては軍事行動を正当とするものに非ず、同夜における叙上日本軍の行動は正当なる自衛手段と認めることを得ず。尤《もっと》もこれにより調査団は現地に在りたる日本将校が、自衛のために行動しつつありと信じつつありたるなるべしとの仮説を排除せんとするものに非ず。

(The military operation of the Japanese troops during this night, which have been described above, cannot be regarded as measures of legitimate self defence. In saying this the Commission does not exclude the hypothesis that officers on the spot may have thought they were acting in self defence.)

(イートン高校、オクスフォード大学の英語なのだろう。気に入ったらしくてパール判事が、ここをその意見書に引用している)」

そして同時に張学良側の意見も聞いている。彼ら曰く「日本側の北大営に対する攻撃は、挑発もされない完全な奇襲であった (was entirely unprovoked and came as a complete surprise.)」。

こう読むと、まるで日本側が策謀の攻撃を行なったように見えるが、リットン委員会はいう。「以上はいわゆる九月十八日事件につき、両国当事者の調査団に語れるところなり。二者異なり矛盾しおるは明らかであるが、これその事情に鑑《かんが》み、別に異とするに足らざるところなり」として、問題の核心、本質を左右する事柄ととらえていない（翻訳は一九三二年、中央公論社）。

上記の通り、世上関東軍の陰謀によって事変が勃発したかのように伝えられるが、問題の爆破箇所は大した損傷にあらず、つぎの南行列車は定刻運行されたから、この爆破を以て事件の発端、自衛行動の原点とは認め得ないと軽くいなし、しかし日本軍兵士が自衛のために真摯に行動していると自覚していたとしてもそれを疑おうとは思わない、要は第九条にいったように、本事変はさように簡単な事柄ではないのだと言明しているのだと思う。

満州国の創立・分離・成立については、傀儡《かいらい》国家を作ったとして国際的指弾を浴びたが、これこそリットン委員会は具体的に仔細に調査の上、吉林・遼寧・黒龍江三省それぞれの民衆が、結集して新国家建設に奔走したものであって、関東軍の指導によってでっち上げたものではないことを説明している。そしてリットン委員会は、満州国の設立そのものを否定するのではなく、「漸次現政権より進展させて、将来満足すべきものにすること」を進言している。このような意見を当時の日本政府が否定したことは遺憾ではあるが、しかしそのことによって自存自衛の行動であったことを覆すものではない。

満州事変余話――紫禁城の黄昏

ところで上智大学の渡辺教授は、満州事変を理解するためには、英人レジナルド・ジョンストン著『紫禁城の黄昏』を読むべしとの強いご推挙であるし、東京裁判では日本側弁護士から資料として提出したが却下されて、「却下未提出弁護士側資料」計八巻の中に納められている。最終章ラストエンペラー溥儀《ふぎ》が、天津を発って満州に向かう光景を抜粋してみる。

清朝第一〇代皇帝宣統溥儀は、一九一二年、清朝崩壊のあと清室優待条件の取り決めによって、宣統帝の名称を維持しながら紫禁城にあったが、一九二四年、追われて日本芳沢公使の賓客として日本公使館に滞在した。一九二五年二月から一九三一年十一月まで、天津の開港場の日本租界で約七年にわたる詫び住いが続いた。

ジョンストンの『紫禁城の黄昏』によれば、

「この間一九二八年七月三日から一一日にかけて、清室の墓（北京の東にある東陵）が破壊され冒涜された。帝室の重要人物の墓には莫大な量の宝石や貴重品を埋める習慣があった。陵墓は非常に堅牢に造られているため、ダイナマイトが使用され、柩はこじ開けられて遺体が放り出されていた。その遺骸の一つは、かつて中国を支配した高宗乾隆帝であった。

その後取り調べも簡単で、皇帝は政府からの見舞、遺憾の言葉を期待したが、まったく空しかった。このときから皇帝の中国に対する態度は変化した。この一件だけはどうしても目をつぶることは出来なかった。かつて彼は満州において独立運動の気運が盛り上がりつつあることを知っていたが、いささかの関係も持とうとしなかった。しかし、つぎに私が訪問したときは、その変わり方に胸をつかれた。彼はもろもろの祖先の霊を栄光の座から引きずり下ろした中国からの出発をせき立てて、彼の視線を満州の地に向けようとしているとしか思えないような変わり方であった。

一九三一年九月十八日、満州事変が起きた。私は十月七日、天津で皇帝と会って、二日間旧交をあたためた。中国側は皇帝が日本人に誘拐されて、彼の意志に反して連れ出されたのであると疑惑を仄めかした。しかしそれは真実ではない。皇帝は自身の自由な意志で天津をあとに満州へ向かった。その誠実な道連れは鄭孝胥（現満州国総理）である。皇帝の乗った特別列車は北上するにつれて、地方在住の人々や官吏たちの君主に対する表敬を受けるために、いくつかの地点で停車した。彼らはひざまずき、皇帝の称号で呼び掛けるのであった。列車が奉天に近い満州の初期の支配者の陵墓にさしかかったとき、感動的な小事件が起きた。短時間、列車が止められた。それは皇帝が先祖の霊に礼拝するためだったのだ。

陵墓の一つは明朝を打倒して、軍隊と共に北京に入る寸前に死亡した皇帝太宗のものであった。彼は一七世紀、完全な独立国としての満州を建設した君主である。この太宗が満州の玉座に登ってから三〇〇年余の歳月を経た今、彼の直系にあたる子孫が父祖の地へかえり、満州国皇帝の称号をおびた地位についた。一九二五年に老練な政治家唐紹儀の述べた言葉、『漢満の結婚の際に持参金として持ってきた父祖の地を、正当な財産として取り戻すようにという呼び掛け』に、中国人から捨てられ追い出された彼は、今や応えたのである」

〈リットンさんも読んでいたと思う〉

日中戦争（北支事変、支那事変）

①環境

北京の中国政府は一九二七年四月六日、ソ連大使館の大使館付武官の事務所を手入れした。

蒋介石の反共クーデターと揆《き》を一《いつ》にしていた。同年五月十二日、一〇〇人以上の英国警官隊が、ロンドンの金融街にあるソ連ハウスを急襲した。いずれも押収した書類によって、中国でのソ連共産主義活動に関する多くの事実が明るみに出た。

この資料によると、ソ連から派遣されたその工作員ボロディンと孫文が、最初に出会ったときの様子が明らかになる。孫文は広東をしっかりと抑えておくことがまず必要であるが、そのためには彼の軍隊が増強されねばならない。これを行なうための援助が欲しいが、その援助は香港を経由しないでウラジオストックから広東への汽船による直接ルートが簡単であるといって、ソ連共産党を招き入れたのである。

一九二四年、ソ連政府が中国に承認されてその大使館が北京に設置されるや、ソ連大使館は陸軍武官の事務所にソ連軍事センターを設けて、ここで陸軍武官は巨額の資金を自由に使えるようになった。モスクワは武器と弾薬を供給しただけでなく、軍官学校を設立しその校長に蒋介石を任命した。馮玉祥将軍のためには騎兵学校も創立した。かかる学校はただ単に軍事的な目的のために学生を訓練するだけでなく、革命的共産主義を植え付けることを目的としていた。

モスクワ政府は「アジア迂回政策」または「ヨーロッパは守り、アジアは前進」として知られる方針を採択した。レーニンは東洋の革命運動をヨーロッパのそれに対する序曲であり、援軍であると見なしたのである。

しかし、間もなく国民党の指導者連は共産党との関係の危険性を察知した。蒋介石は華南における国民党軍の立場がある程度確かなものになるや否や、一九二七年四月、断固たる措置をとって、共産党員たちを追い出す粛清の挙に出た。このときコミンテルンは、すかさずその工作員たちに秘密指令を出して農民を扇動、その属する土地を押さえ没収すると共に、労働者と協力軍隊を組織して、国民党の軍隊にとって代わるように命令した。ここで出てきた指揮官が毛沢東と朱徳であった。このときに彼ら共産党紅軍が行なった破壊による死者は六〇万人、避難民は一〇〇〇万人以上にのぼったといわれる。

ソ連が驚くほど自由に資金を使ったことによって、暴動とストライキが頻発しただけではなく、多くの組織が茸のよう出来上がっていった。中国共産主義同盟、全中国産業連盟、中国困窮者援助協会等々である。その宣伝工作活動の源は、モスクワにある孫文中国労働者大学（中山大学）、スターリン東方労働者共産主義大学（東方大学、学長スターリン）であり、アジア諸国の学生を訓練するのが目的であった。その他の軍事関係の学校も含めると、毎年数百名の共産主義者が中国へ送り返された。ここで彼らはコミンテルンとその現地工作員の指示の下に働くのである（以上『シナ大陸の真相』K・カール・カワカミ）。

マッカーサー元帥が戦後、上院軍事外交合同委員会（一九五一年五月三日）における証言の中で、「私は太平洋において、米国が過去一〇〇年の間に犯した最大の政治的過ちは、共産主義者を中国において強大にさせたことだと考える」といっている。

一九三五年七月二十五日から八月二十日にかけて、有名な第七回コミンテルン大会がモスクワで開催され、「反ファッショ人民戦術に関する決議」が採択された。その眼目は日本・

ドイツ・イタリアなどのファッシズムを打倒するために、共産党を中核として広義な民族主義の勢力を結集することにあった。中国共産党はこれを受けて、一九三五年八月一日、「抗日救国のため全国同胞に告ぐるの書」を発表した。「八・一宣言」とも「抗日救国宣言」ともいわれる歴史的文書である。ときに毛沢東の党内における指導権は確立していた。折から満州事変以来日増しに昂揚していた反日感情と民族主義の波に乗せて、抗日民族統一戦線の結成を、したがって同時に、第二次国共合作を訴えたのである。

この結果は大きな反響を呼んで反日・排日・侮日の雰囲気が漂う中で、一九三六年十二月十二日に至ってあの西安事件が勃発したのである。この日、中共軍討伐を督励するために、国民党主席蒋介石は陝西省西安に滞在していた。その彼が配下の張学良指揮下の軍に逮捕監禁されたのである。張学良は満州事変のあと欧州に滞在したが一九三四年帰国、蒋介石によって西北掃共副司令に任命されていた。国府軍、共産軍合作して抗日戦を戦うべきであるという中国共産党の宣伝工作は、張学良をはじめその軍隊内部に浸透していた。逮捕監禁は、張学良の指示によって起こされた事件である。

張学良の要求をどこまで呑んだか、かならずしも明らかではないが、蒋介石は十二月二十五日に至って釈放され、無事南京へ生還した。「蒋介石を殺すな」と指示したのは、スターリンだったという説がある。西安事件後の経過を見るなら、中国共産党の求めていたものは、蒋介石の手で実行に移された。すなわち国民政府の中共軍討伐は中止され、秘密裏に第二次国共合作交渉が着手され進展していった。その動きの陰の主役は、モスクワのコミンテルンであった。

近衛内閣成立（一九三七年六月四日）の一ヵ月後の七月七日、突如発生した蘆溝橋事件こそは、そのコミンテルンの操った歴史的事件であった。一九三五年の第七回コミンテルン大会と一九三六年の西安事件と一九三七年の蘆溝橋事件は、東京裁判でラザラス弁護人が陳述した通り緊密に関連している。

②一九三七年七月七日

わが国は一九〇一年（明治三十四年）の義和団事件最終議定書によって、英・仏・伊・米等と同様、北京と天津を中心とする北支一帯に、軍隊の駐留権を持っていた。清国が消えて中華民国になった後も、軍隊の駐留権は当然存続していた。折しも七月七日、支那駐屯軍の歩兵第一連隊（連隊長牟田口廉也大佐）の豊台駐屯第八中隊が、北京郊外の蘆溝橋付近で夜間演習を行なっていた。午後十時四十分頃、突如、中隊は実弾射撃を受けた。これが日中両軍衝突の引き金となったのである。

この一発が誰の手によるものか。京都大学勝田吉太郎名誉教授によると、世の流れのとおり、やはり中共軍の工作によるものであるという極めて有力な証言がある。終戦時に内務大臣を務めていた安倍源基氏が引用する葛西純一編訳の「新資料蘆溝橋事件」（一九七四年・昭和四十九年）がその重要な資料である。編訳者の葛西氏は戦前の満鉄社員で、ついで関東軍の兵士、一九四五年（昭和二十年）九月になって中共軍の将校となり、一九五三年（昭和二十八年）四月に帰国したという経歴の持ち主である。

同氏は、蘆溝橋事件の謀略の主人公が中国共産党の劉少奇（のちの中華人民共和国国家主席）であったと明言する。その証言によると、

「私が蘆溝橋事件の仕掛人は中国共産党劉少奇であることを初めて知ったのは、一九四九年（昭和二十四年）十月一日北京政権樹立直後、河南省洛陽市西宮に駐屯する中国人民解放軍第四野戦軍に現役将校（日本の大尉に相当）として勤務しているときであった。その頃の中国は人民中国の誕生に沸き返っていた」。中国人民解放軍総政治部発行のポケット版『戦士政治読本』（兵士教育用の初級革命教科書で、内容はいずれも中国共産党の偉大さを教えるものばかり）は、つぎのように述べている。

「七・七事変（蘆溝橋事件）は、劉少奇同志の指揮する抗日救国学生の一隊が決死的行動を以て、党中央の指令を実行したものである。これによって我が党を消そうとして第六次反共戦を準備していた蔣介石南京反動政府は、世界有数の精強を誇る日本陸軍と戦わざるを得なくなった。その結果、滅亡したのは中国共産党ではなく、蔣介石南京政府と日本帝国主義であった」と（勝田吉太郎『大東亜戦争とコミンテルン』平成五年）。

さらに勝田教授は解説して曰く、「特異な経歴を持つ葛西氏が新資料蘆溝橋事件で暴露して見せていることは、劉少奇が党中央の指令に従って抗日救国学生の一団を使い、暗夜の蘆溝橋で日中両軍に向かって発砲したこと、その射撃音が日本駐屯軍と宋哲元指揮下の第二九軍との軍事衝突を誘発し、国共合作による抗日民族統一戦線を実現させて、事変へと、遂には大東亜戦争へと発展していく導火線になったということに外ならない」。なお「米英共に

蘆溝橋事件の仕掛人が中共であることを全く知らず、中国側の宣伝を鵜呑みにして日本を先制攻撃者だと思った」（中村粲独協大学教授）。また近衛首相はその手記「平和への努力」の中で、「蘆溝橋事件は今もって真相がはっきりしない、米内もわからないといっている」と書いている。

日本政府としては、局地解決を政策としながら兵力を動かさざるを得なくなったが、日中間条約の保障した権利・権益を保護するためと、死活問題たる日中経済提携を保持せんがための自存自衛の行動であった。

米国は事変が始まると、蔣介石政権に借款を与え、武器を売却するなど、蔭に日向にこれを支援した。米国からシェンノート陸軍少将が率いる義勇航空隊が、中国空軍に加わって日本軍を悩ませた。この義勇航空隊はフライングタイガースとして知られたが、同隊は決して義勇隊ではなくて、実は米国正規軍によって構成されていた。これはまさに編し討ちであって、国際法の重大な違反であった。日中戦争は上述の通り、対中国戦争の形をとりながら、コミンテルンに対する防戦であり、同時に対米防戦であった。

〈ところで、戦史を辿りながら思うのは、一九三七年七月蘆溝橋事件から一九三八年十月、武漢三鎮（武昌・漢口・漢陽）陥落まで僅か一年三ヵ月で、実際の戦闘を終えながら、何故早く停戦に持ち込めなかったか。船津工作もあったし、トラウトマン工作《こうさく》もあったし、宇垣・孔祥熙工作もあった。近衛・蔣介石会談案もあったし、初期米・英の仲介申し出もあった。国策を一本に絞れない我が国組織の欠陥に起因する痛恨事である。野心もないのに、中国大陸を満州化しようとしていると誤解されるに至った。

もう一つ忘れてならないのは、一九三三年五月から一九三七年七月にかけて奉天の関東軍と天津の支那派遣軍の手によって進められた華北五省（河北・河南・山東・山西・綏遠）分治運動である。中国にとって華北問題は、満州喪失より遥かに切実重大であったし、世界恐慌の苦境からようやく抜け出した米英始め、各国の異常な関心の的となった。ハル国務長官は日本の華北における陰謀は重大な問題であった、とその回想録に記している。当時の大本営陸軍参謀瀬島龍三氏は、「現地軍による不用意な華北工作：長城以南の中国本土には一指も触れさせない強力な指導が必要であった」といっている。この分治運動は日本の孤立化を一段と進めたといえよう〉。

太平洋戦争

米国は日本が中国を満州化するのを恐れたという

①中国と日本を極力公平に取り扱う原則でやって来たかに見えた米国外交が、一挙に転換したのは一九三七年十月五日、ルーズベルト大統領がシカゴで行なった有名な防疫演説からであるといわれている（C. C. Tansell Back Door to War）。甲南大学松葉秀文教授によると、ルーズベルトはこの演説の中で、「問題は条約の明白な蹂躙であり、特に国際連盟規約、不戦条約及び九ヵ国条約の冒涜である」と、隔離されるべき国は日本だと、実質一方的に名指ししている〈日本軍が発砲して先制攻撃をかけたと、ルーズベルトは思い込んで、決めてか

かっているわけである。記録に出て来ないが、日本は反論をしたのか〉。

しかも大統領は十月十二日、続いてラジオを通じた炉辺談話で中国政策について述べた中で、「平和は単に希望によって達成されるものではない。また手を拱《こまね》いて到来を待つべきものでもない」。聞くや否や孤立派グループが好戦的だと騒いだほどに強硬な発言であった。ウェルズ国務次官が、手記の中でこの時期のルーズベルトの心境を解説している。「早くも一九三七年夏、大統領はもし日本が満州を侵略して、完全に自分のものとしたような政策の続行が抑制されないで許されるならば、米国の安全保障は不可避的に重大な危機にするであろうという結論に到達していたのである」。

ハル国務長官は一九四〇年十月十八日、経済封鎖に対して抗議のために訪ねて来た堀内駐米大使にいった。「米国及びその他各国はすべて、アジアの大部分が満州化される間、静かに座視し、喝采しているものと日本は期待している。その侵略政策を遂行するための器具を欣然として供給しなかったからといって、これを非友好的行為だと非難するが如きは未だかつて聞いたことがない」。

②一九三七年十一月、ソ連をも加えて九ヵ国条約会議をブラッセルで開催した。中国からの提案に基づいて米国が招請したものであった。日本は日中事変は日中両国で解決すべきだとして、不参加のうえ所見を表明した。メンバーは日本の対中国行動を以て九ヵ国条約及び不戦条約違反であると断定して、各メンバーは日本に対して国際連盟規約第一六条の制裁措置を、個別に執り得るとの理事会報告を裁決するに至った（国際連盟創立以来、最初の非連

盟国に対する制裁条項の適用であった)。こうして対日経済制裁が始まった。満州化能力削減政策と申すべきか。

③ちょうどこの頃一九三七年十二月十二日、戦闘が南京に拡大し、揚子江を避難していたスタンダード・バキューム石油会社の三隻のタンカーを護衛していた米艦パネー号が、日本海軍機の爆撃によって沈没した。しかもその乗組員が河岸の茂みに泳ぎついたところを近距離から銃撃を受けた。

駐日グルー大使は情報を聞いた瞬間、国交断絶の虞《おそ》れがあると思ったと、その日記に書いている。当時の異常な緊張状態を物語る話である。山本海軍次官始め関係者の素早い陳謝、賠償措置によって納まった。

④満州化阻止は政治的・経済的方策に止まってはいなかった。ルーズベルトの海軍拡充案は、一九三八年五月の第二次ビンソン案から、一九四〇年の六月第三次ビンソン案、さらに同年七月、両洋艦隊海軍拡充案と続いた。日本海軍軍令部はその壮大な拡充計画を知ったときには息をのんだといわれる(近藤信竹軍令部次長東京裁判証言)。武力行使による満州化阻止の意志がなくて、このような強大な海軍が必要になるとは思われない。

⑤国務省ウェルズ次官の手記によると、ヒトラーがフランスを征服し、英国の運命が恐怖におののいているかに見えた一九四〇年の夏、スチムソン陸軍長官、ノックス海軍長官、モルゲンソー財務長官が、日本に対する石油及び屑鉄の全面禁輸を大統領に進言した。さらに彼らは英国の必要とする石油は西半球から供給し、蘭印の油井と精油所を破壊(日本が占領

しても役に立たないように〉し、英国はドイツの石油貯蔵所と人造石油工場の破壊に力を注ぐ案を計画した。

イッキーズ日記によると、一九四〇年八月十日にモルゲンソー、ノックスは石油会社を交えて会議を開いている。日本はその必要とする油の八〇パーセントを米国から輸入していた。一九四一年の貯油量は約二年分といわれていたが、戦時下の使用量を賄うには一年分を欠いていた。油禁輸は即戦争宣言を意味していたのである。つまり米政権の陸海軍長官は、明らかに一九四〇年の夏に対日戦争に踏み切るべしと大統領に進言したわけである。

両長官は禁油という衝撃的な手段をとることによって、ナチスの電撃戦がフランスを突き抜けたこの時期に、日本がオランダ、フランスの敗北と英国の苦境に乗じて、南方へ進出することを断念させるための圧力を加えようとしたのだと思う。同時にアジアにおける日本軍の満州化の動きに関する「機械の運転を止める」（ウェルズ）ための方策であった。結局この夏の提案は、マーシャル陸軍参謀総長とスターク海軍軍令部長が、未だ戦争準備が不充分であるとの意見であったので、先送りされた（断念はしていない）。

日・独・伊三国同盟は一九四〇年九月二十七日に調印された

及川海軍大臣の説明：日本としては米国の欧州戦参加の阻止がその目的であった。ドイツは現段階においては日本の欧州戦参加を要しないばかりでなく、米国の参戦防止については我が国と同様以上の熱意を有し、この点、我と協力せんとする充分なる意向を認め得たること、及び同盟締結後といえども参戦の決定は日本が自主的に行なうこと、また日ソ関係については、極力友好的了解増進に努めることなどの確実な諒解に到達した、とある（東京裁判宣誓供述書）。

しかしながら、ベルリンからリッペントロップの腹心スターマーが来日して持ち掛けた話は、日・独・伊・ソ四ヵ国同盟であった。日本はドイツを日ソ友好の仲介者として利用し、独・伊・ソの大陸ブロックを後盾としてアメリカを威圧して、日米開戦をアメリカに思い止まらせたいと考えた。

ドイツは事実、モロトフを招いて四ヵ国同盟の交渉に入ったが、ソ連の要求が過大であったために、独ソ戦に繋《つな》がってしまったのであった。したがって独ソ戦の宣言はドイツの重大な契約違反であった。このモロトフとの話がまとまって四ヵ国条約とするのが筋であった。なお米側の解釈「三国同盟はむろん米国を目標としたものであった。発表された同盟協約は、ここ数年存在した情勢を実質的に変えるものではない」と、私は公式声明を出した（ハル）。事実、我々はかなり前から三国防共協定を軍事同盟に拡充するための協議が進められていたことを知っていた（ウェルズ）。

三国同盟は、日米交渉においては中国撤兵と並ぶ重要な命題であった。米独両国が戦争を始めたら、日本は自主的に判断して参戦するか否かを決めるというが、米国の行為が自衛だと判断したら日本は参戦しないということは明らかだが、米国は自衛の戦争しかしないということを日本は認めるか。こんな議論をしていたと、バレンタイン国務省参与が東京裁判で証言している。

ハルにとってもルーズベルトにとっても、三国同盟はいわゆる日本バッシング（いじめ）の好材料であったのだと思う。何よりもルーズベルトにとっては、この三国同盟は日本に発砲させて、日米戦争から米独戦争に繋げる導火線であった。仮にルーズベルト大統領が、対独戦争宣言をしたい旨国会に申請しても、上院はともかく下院において過半数をとることは難しいと、大統領自身が判断していたという記録が残っている（イッキーズ内務長官の機密日誌）。

第二次世界大戦の流れを決めたのは独ソ戦であったが、この難しい時期の日米関係の流れを決めたのも、一九四一年六月二十二日に始まった独ソ戦であった。

ソ連を友軍として対独戦に臨むと決まったルーズベルトには、日本軍に発砲させて、日米戦を経て米独戦を戦う構想が出来上がった。中国の満州化阻止の戦略からの変針であった。日決心したのは一九四一年夏。ドイツ軍の進撃はレニングラードを前にして止まっていた。日中停戦を目標として日米交渉を始めたのは一九四一年の春であったが、ルーズベルトもハルもすでに独ソ近く戦うという情報を入手していたから、米軍の戦争準備が出来上がって、日本に発砲させる時機まで適宜あやして付き合えばよかった。

一九四一年七月二十九日、日本車が南部仏印に上陸した。実はもう少し遅い方が望ましかったが、得たり賢しとばかりルーズベルトは八月一日、禁油を断行した。日本海軍は放っておくと油欠で自然死して、国家の戦争能力がなくなるから、近衛総理はルーズベルトとの首脳会談を提案した。知る人は少ないが聯合艦隊山本長官が、古賀大将にその職を譲って随員として参加することが決まっていた（東京裁判、及川古四郎元海軍大臣宣誓供述書）。多くの人が固唾を呑んで首脳会談の成果を期待した。しかし、基本的な重要問題について合意が得られないという理由で会談は流れた。

最後に東郷外相が陸軍を口説いて、撤兵案A、Bを提示したが、ルーズベルトはこれも蹴って、満州も含めて即時撤兵、三国同盟の解消を求める最後通牒ハルノートを回答して来た。満州化を嫌った米国が、癌の根本まで切りたがったと見るべきか。已《や》むなく日本は南方に油を求めて兵を起こし、その側翼を脅かす米国太平洋艦隊を真っ先に討つべくハワイを攻撃して、ルーズベルトの望み通り先に発砲したわけである。

太平洋戦争とは押し寄せる大浪に歯向かう自衛の戦いであった。日本に発砲させてドイツと戦う（Back Door to War）という戦略がなかったら、中国と仏印から撤兵を表明している日本とは、上記首脳会談ないしは東郷案で妥結・協定が成立するはずであったと思う。

（「海軍兵学校第70期会会誌」再刊第30号・平成十六年九月十五日）

海軍少佐石丸藤太『日英必戦論』について

二〇〇四年一月、Charles Wickstead という英国紳士から、長年大切にしてきた日英必戦論（Japan Must Fight Britain）という本を日本の然るべきところへ寄贈したいという申出を受けた方が、娘の典子に話を持って来られた。私が防衛庁の防衛研修所を紹介した。本の著者は石丸藤太という海軍少佐で、一九三三年（昭和八年）九月に春秋社から出版されていると判った。

石丸少佐のことを調べたら、海軍兵学校第二九期、米内大将と同期。砲術学校教官、一九一二年（大正元年）十二月～一九一四年（大正三年）五月甲種学生、戦艦「相模」（日本海海戦の捕獲艦ペイロベット）砲術長のあと、一九一四年（大正三年）十二月待命、一九一七年（大正六年）退役、一九二五年（大正十四年）五月、軍機保護法により懲役一年六ヵ月、失官、退役のあと軍事評論家とある。

日本語版の『日英必戦論』を図書館で手に入れたら、同氏の手になる姉妹篇として『日本対世界戦争』、『戦雲動く太平洋』が同じ頃に出版されていることを知って探したら国会図書館が持っていて、同図書館内で読むなら閲覧させるということが判った。『日英必戦論』は一九三三年（昭和八年）九月に出版されたあと、一九三六年（昭和十一年）にはロンドンで英訳されている。訳者はレイメント（G.V.Rayment）という退役海軍大佐である。英語版の劈頭、「いよいよ我ら日本人が英国と英国人に関する意見を根本的に変更しなければならない時に来た。今やアングロサクソンと日本の間の戦争は痴人の夢でもなければ、非常識な憶測でもないのである」とある。

この本の書かれた一九三三年というのは歴史的に重要な年であるし、何といっても米内大将と江田島でも海軍大学校でも机を並べたこの先輩が、一九三三年の秋――満州事変のあと、満州国を打ち建てて、承認して、国際連盟から追い出されて、世界の中の孤児になっているこの国に立って、特に陸軍の行動を横目で眺めながら――何を考えていたか。新しい歴史を教えてもらえるのではないかと非常に興味を覚えた。

①四七九頁にわたるこの本の第一章は、「昨日の味方今日の敵」という書き出しで始まる。石丸少佐は日本外交の命綱である日英同盟が、英国の縦横の機略に乗せられて絞殺されたと述べる。日清戦争後の露・仏・独三国干渉に英国が三国からの勧誘を拒絶したことを知って日本人はいたく好感を覚えた。一九〇二年に結ばれた第一次日英同盟は、満州から朝鮮にまで手を延ばさんとするロシアに対する共通の脅威で結ばれたが、この日本人の覚えた好感も一つの要因であった。

日露戦争の結果、東亜の形勢が一変して、一九〇五年八月の第二次日英同盟は、一歩を進めて防禦同盟から純然たる攻守同盟となし、範囲を拡大して印度も支那もカバーすることを約定した。いずれかに不凍港を得んとして努力してきたロシアは、地中海に出んとして英国に阻止され、ペルシャ湾に出んとしてまた英国に妨げられ、旅順港を経て支那海に出んとする企てが今や日露戦争のために水泡と帰した。ロシアはつぎは何処へその驥足《しゅんそく》を伸ばすであろうかと考えて、英人はインドに不安を感ぜずにいられなかった。インドを同盟のカバーする範囲に入れたのは、さすがイギリス外交の伝統に沿ったもので、日本はその意向に従った。石丸少佐は詳しい。

第三次日英同盟一九一一年、日露戦争のあと後述の如く色々とあって、太平洋を挟んで日米の緊張が盛んに取り沙汰されるようになった。もしも日米戦うとなれば英国は日本を援けて米国と戦わねばならぬ。これは英国の意志にも反し、太平洋自治領、豪州、ニュージーランド、カナダのまったく喜ばざるところである。こう考えた結果、日本に対して提議してきたのが同盟条約の改定であった。

すなわち一九一一年七月に結ばれた第三次日英同盟の骨子は、「本条約は総括的仲裁裁判条約を有する第三国に対して交戦する義務を締約国に課するものに非ず」という除外例を設けて米国を対象から外した〈驚く勿れ一九一一年の措置である〉。その後もアメリカでは日英同盟に対する非難の声がますます高まってきた。ことに日本が支那に対して二一ヵ条の要求を突き付け、かつシベリア出兵を好機として北満、シベリアに進出の下心あるやと見たアメリカは、日英同盟が日本の侵略的軍国主義を助長するものだと論難した。

一九二一年六月、あたかも第三次日英同盟の一〇年満期一ヵ月前に、ロンドンで聞かれた英帝国会議で、豪州、ニュージーランド、さらにはカナダの代表連はこもごも起って同盟廃棄を求める演説をした。しかし、外相グレーその他は日英同盟が、英国にとって有利なりと主張してその継続を希望したので、時の首相ロイド・ジョージは海外属領を説得して同盟の継続に同意せしめ、これを無期限に延長する旨の宣言を行なった。日英両国政府は、しかし、国際連盟に共同通牒を送り、一九二一年七月以降も同盟が継続されるについては、国際連盟規約の条項と本同盟協約とが両立するように調整手配することを承認する旨通知した。

日英同盟の絞殺‥やがて英国政府は思い切って同盟を廃棄せんとしたが、日本に対して充分の諒解を得た上でなければ良心が咎める。そこで日・英米を主とする太平洋会議を開いて、こうした意見の交換をしたいと考えてアメリカ政府の内意を打診した。時もときアメリカでは軍備制限を主とするワシントン会議を開こうとして準備を進めていたので、英国政府に対して軍備制限問題に極東及び太平洋問題をも加えて討議しては如何と返答した。米国務長官ヒューズは、日英同盟更新には反対であると明言していた。

ワシントン会議は、こうして遂に日英同盟を絞殺することに成功した。太平洋に関する四ヵ国条約（英・米・日・仏）では、太平洋の諸島嶼に関して現状維持が合意され、その第四条に「本条約の実施と共に日英同盟は終了する」と謳って、その二〇年の歴史を閉じた。一九二二年二月六日であった。

グレー外相は、「日本政府は英国にとって長年月公平にして忠実なる同盟者であった」と、その手記「Twenty Five Years」の中で述懐した。日英同盟の無理な絞殺後に、しかし、英国は幻滅の悲哀を味わった。支那では、ワシントン条約によって米国の支持を受けたと認識したのと、ソ連の指導と相俟《あいま》ってワシントン会議のあと、国権回復熱が高まった。その攻撃目標は日英両国となり、ときには英国だけとなった。槍玉にあげられた英国は何国よりも〈権益が大きいから〉苦しんだ。

英国が嘗《な》めた更なる受難は、赤い手を差しのべるソビエト・ロシアの南下である。日英同盟は共同の敵たるロシアの脅威がなくなったという理由もあって、上述の通り絞殺の運命にあったが、幾ばくならずして赤いロシアがふたたび南下して、特に英国を脅かすことになったのは皮肉である。元来コミンテルン（共産インターナショナル）の主要な一つの目標は、仇敵英国に致命傷を与えて、彼らの狙う世界革命の達成上における最大の障害を除かんとするにある。その目的を達せんがために、彼らは支那の大衆を動かして英国に対抗せしめ、支那から英国の利権を追い出して、英国の印度統治をも困難ならしめ、さらにアフガニスタンやペルシャにおける英国の地位を失わしめんと企てた。

この頃かかる状況下にあって、一部の英国人の間で日英同盟復活論が主張されるに至った。

しかし、今やその復活にはいうべくして容易には行い難い理由がある。第一には日本人の対英感情であり、第二には英米の関係であり、第三の強い反対論は英国自治領、豪州、ニュージーランド、カナダの排日親米論であった。こういう理由で日英同盟復活の可能性は乏しかった。

それどころか、果然、満州事変を転機として日英両国の関係は『昨日の味方は今日の敵』ということになってしまった。

②第二章で石丸少佐は、満州事変における日英関係を以下の如く鋭く説く。

満州事変に関して英国は労働党も保守党も新聞も、終始一貫、日本の行動と主張に激しく反撥した。大戦当時の英国首相ロイド・ジョージが、一九三三年三月五日、米国の諸新聞につぎのような日本攻撃文を載せて、米国内で大センセーションを巻き起こした。

「満州は日本軍の席捲するところとなり、支那本土より隔離されて日本の統治下に傀儡《かいらい》国家となった。国際連盟はもっとも充実した法律的検討を与えたことはこれを認めねばならぬ。日本は脅威のこれ以上に発せざる限り長城を越えては進出しないという約言を与えたが、これは支那が満州における国権を完全に放棄せざる限り、なおも進出すると宣言するのと同工異曲である。だが、支那政府といえどもかかる侮辱を甘受するとは思えない。従って今日まで非公式であった日支間の戦争は、今後は公式の戦争に変ずべく、その焔は支那の沿岸、日本の店舗の存在する支那の各都市に拡がり、至るところ破壊を見ずとは何人も保証し得ない。

この事実に対して連盟は如何にすべきか。理論上では連盟を無視し、満州熱河において支那との争闘を続ける日本には、連盟規約第一六条の制裁を受ける充分の資格がある。ただ、この第一六条の実行が困難であるのは、連盟が一つのユニットでないからだ。事実、連盟加入国のいずれも第一六条を実行する誠意がない。また連盟加入国中、真の重要なる諸国は米露〈非連盟加入国。ソ連は一九三四年連盟に加入〉の協力を得ざる限り、かかることに手を出す覚悟を持ち合わせない。如何なる連盟の決定もこの二大国を左右し得ない事実は、連盟のみによる強力なる行動を否定するのである。よって次に生じる問題は大国は単独で、または協同して何事かをやり得るかということだ。然るに大国は日支紛争が現実の戦争に立ち至るのを避けようとしている。

一九三一年、満州事変の勃発当時、米英両国が速やかに牢固たる決意を以て共同動作をとっていたならば、如何なる国家をも現実の戦争渦中に巻き込むことなく、事件を解決し得たであろうのに、機会は今や過ぎ去ってしまった。連盟が蹉跌し、日本が連盟を脱退した暁、軍縮会議には何等の望みを繋《つな》ぐことは出来ない。極東の事件は、武力が今なお外交の有力なる道具であることを立証した。単なる説教に終始する連盟の存在理由は何処にあるのか。これを要するに国際連盟は非常な後退を見、世界連邦、世界友誼の運動は、その望みを黄海の波に没するに至った」

一九三二年十一月、フランクリン・ルーズベルトは米大統領選に当選、一九三三年一月にはヒトラーのナチ政権が成立したが、未だ一九三三年の秋、欧州大陸の妖雲は人の目をひかなかった。世界恐慌の嵐と満州事変が世界の注目の焦点であった。石丸少佐にいわせると、今や日本人の多くは日米関係の重大性を知るも、日英関係がより以上に重大であり、かつ危険性を帯びることを知らない者が多い。

例えば、日米利害の衝突は移民問題などを除けば支那におけるアメリカの政治上の積極政策が日本と衝突するくらいで、経済上の関係に至っては両国の利害は互いに衝突するものではない〈英国の歴史家クリストファー・ソーンにいわせれば、米国は支那では未だ打席に立っていなかった〉。米国にして東洋における日本の特殊地位を諒解し、支那及び満州における自己の政治的行動を自制調整するならば、日米戦争の叫びはこれを痴人の夢に終わらせることは不可能ではない。

然るに日英関係に至っては、これと全く趣を異にしている。そこには経済上、政治上両立を許さない重大なる要因が潜んでいるのである。今日、英国の対支貿易は全支那に拡がり、独り揚子江といわず、広東及び北支那にも進出している。さらに北平（現在の北京）と奉天を連ねる京奉線鉄道をその手に収めているし、張学良と組んで満州に事業を起こすべく計画を進めていた。この広汎な対支貿易を保持増進するのには、支那の領土保全は基本的要件であって、支那の分割や分離作戦はまさに英国国益に逆行する。

かくして支那の領土保全と門戸開放が、英国の対支政策を支える基本である。だから一九一一年第三回目の日英同盟改訂の際には、満州に対する日本の活動をどの程度まで黙認するかが、英国外務省での重要な問題となり、熟議の結果、日本の満州に対する平和的経済的進出だけはこれを黙認するに吝《やぶさ》かではないが、政治上の独占権はこれを認めないということに決して、その旨日本政府に非公式に通告したといわれている。

然るに満州事変が起こると、日本は武力を以て広大な地域を占領したし、軍部が政府を指導して支那を侵略しつつありとの風説が外国に伝わった。何よりも日本による満州国の承認は、日本が満州を独占し、併合せんとする前提であると英国は見てとった。日本の行動は明らかに支那の領土保全を真っ向損《そこ》なうものと考えた。英国にとっては政治経済上の国益の放棄となるから、あくまでも日本と争わねばならぬと考えた。日英両国が遂に正面衝突をなすに至ったのは満州事変の結果である。

　こうしてかつての同盟国の間に緊張感が張りつめている頃、もう一つ日本人の顔を逆撫でした大事件がある。シンガポールの大軍港建設問題である。ワシントン会議が済んで太平洋の戦雲が消えたと思ったとき、突如、世人を驚かせたのは一九二一年（大正十年）秋、大英帝国が決めたシンガポール軍港建設声明である。

　日本側は一八八二年以来、ケッペル港に現存するその海軍の施設を拡張するくらいのものと考えていたが、事実はこれに反し、ケッペル港から離れたところに全然新たな軍港を建設し、しかもそれが我が呉軍港とほぼ匹敵するものと聞かされた。船渠は二個のドライドックと一個の浮ドックよりなり、最大の主力艦三隻が同時に入渠し得る施設を備えたセレター大軍港計画であると判ってきた。完成は一九三七年の予定である。明らかに日本を目標においた計画であって、日本の新聞は「英国は日本を仮想敵国と見なしているが、我々は英国に対してかかる敵対的猜疑心を起こさせるような何らかの行動を起こしたことはない」といって異常な反応を起こした。

　こういう次第であるから、つぎの太平洋関係会議において、列国がもしも満州問題を蒸し返し、日本に対して満州国解消の態度をとって、これを強制するようなことになれば、主としてそれは英国の策動と主導によるものと考えて、日英の関係は間違いなく最悪の極限まで悪化せざるを得ない。

③かくして石丸少佐は遂に一九三六年九月三日、日本が英国に対して宣戦したと仮定した図演、シュミレーションを行なうことを決心した。もちろん石丸少佐は英米不可分と判断しているが、ここは仮定の日英戦である。

英国艦隊司令長官ウイルソン大将は、戦艦一二隻、巡洋戦艦三隻、一万トン二〇糎《センチ》巡洋艦一〇隻、八三〇〇トン二〇糎巡洋艦二隻、乙級巡洋艦二四隻、駆逐艦六〇隻、潜水艦四〇隻、航空母艦四隻を率いて東進する。これを邀《むか》え撃つ日本艦隊は、末永聯合艦隊長官に率いられる戦艦六隻、巡洋戦艦三隻、甲級巡洋艦一一隻（うち八隻は二〇糎砲）、乙級巡洋艦二一隻、駆逐艦六〇隻、潜水艦三七隻、航空母艦六隻の勢力である。

石丸少佐の本艦隊決戦に関する叙述は四〇頁に及ぶが、急いで結論に飛ぶとインドネシア、スンダ海峡を通って南支那海で末永艦隊と激突した英艦隊は戦艦三隻のほか、重巡二隻を残すのみで、この残存諸艦も大きな損傷を受けてシンガポール軍港に入ったが、未完成の軍港で（完成一年前）修理もままならず、ウイルソン提督は不活動の蟄居《ちっきょ》生活をとらざるを得なかった。日本艦隊の方は「陸奥」大損傷、戦艦「長門」「伊勢」「榛名」「霧島」、重巡二隻は残ったが、同様に各艦とも重大な損害を蒙《こうむ》った。この海戦の英国自治領に与えた影響は大きかった。印度の独立を始め大英帝国に致命傷を与えざるを得なかった。

そして石丸少佐は仰有《おつしや》る。英国よ、もう少し日本に譲れ、さもないと国を誤るぞと。さらに仰有る。満州は大切だから、ここから日本を追放せんとするなら、我々は防衛のために立つが、一方、日本も満州を唯一の生命線だと考えて孤立的鎖国的に流れて、世界との互譲を排する当世の、いわゆる硬直的愛国者のいうところを御尤《ごもつと》もと軽信する国民があるならば臍《ほぞ》を噬《か》むときが来よう。広い眼を以て我が国の前途を考えるならば、世界的海洋的見地に立って、万邦を友にして門戸を開放して進まねばならぬ、と。

④読み終わって石丸先輩に私見を申し上げたい。

A、日英同盟を終息に導いた理由について。

（イ）英国の縦横の機略によって絞殺された面もあるが、何といってもこの同盟を執拗に攻撃した米国によって終焉を迎えた、絞殺されたと思う。その最初の鶍《いすか》の嘴《くちばし》はポーツマス講和条約締結前に日本側が宣明した方針と、戦後日本が満州においてとった行動が一致しなかったことである。

まず日露戦争は同時に英米対ロシアの戦争でもあって、英米の援助なくしては軍費の調達は困難であったし、露仏同盟を結んでいる仏と英が英仏協定を結んで仏を牽制してくれたから、仏はロシアに対して何の援助もしなかった。日本が独りで勝ったのではない。記録を見ると、セオドール・ルーズベルトによる斡旋の下話は一九〇四年末から始まっていて、金子堅太郎、高平公使との間で進められていた。奉天会戦の勝利を見て煮詰まるが、一九〇五年四月二十五日には小村外相、高平公使から、米大統領に対して支那の主権尊重と、門戸開放、機会均等を原則として戦後満州の政策を取り進めることを約束しながら斡旋を頼んだ。

然るに戦後、我が国は約束した原則を捨てて独占行動をとるに至って、英米共にきわめて不満であった。一九〇六年には米国において、早くもかつての親日感情の影は消えたというし、一九〇七年にはルーズベルト大統領が陸海軍に、日本攻撃の準備をせよと指示したといわれる（主として黒羽茂『日英同盟の研究』一九六八年）。

なお米提唱の満州における鉄道の中立化または国際的共同管理をロシアと組んで拒否した（『日英同盟の研究』及び鹿島守之助『日本外交史』）。一九〇九年のことである。有名な碩学《せきがく》朝河貫一教授の憂国の書『日本の禍機』は一九〇八年の米国人士の感情を、日本黄禍論の普及として憂慮している。一番ルーズベルトを、俗にいう「恩を仇で返した二枚舌野郎」と怒らせたのは、年代的に見て鉄道問題よりも、戦争直後の陸軍軍政による独占行動にあったようである。

日本外交年表並主要文書（外務省編）によると、一九〇六年三月十九日英国大使、三月二十六日、米国大使より西園寺首相に宛てられた「満州の門戸閉鎖の事実に関し注意喚起の件」という抗議を始め、多くの不評を聞いて、一九〇六年五月二十二日には伊藤朝鮮統監が司会をつとめて、首相官邸に下記のメンバーを集めて対策会議を開いている。

枢密院議長山縣有朋、元帥大山巖、総理大臣西園寺公望、枢密顧問官松方正義、同井上馨、陸軍大臣寺内正毅、海軍大臣斎藤実、大蔵大臣阪谷芳郎、外務大臣林薫、陸軍大将桂太郎、海軍大将山本権兵衛、参謀総長児玉源太郎。

朝鮮統監伊藤博文の説明によると、日本の満州における行動に対して列国の物議を招きおり、伊藤自身、駐日英大使の私信に接した。朝鮮の人民に与える影響も多大である。

耳に入った情報によると、日本の軍官憲は軍事的動作により、外国貿易に拘束を加え、満州の門戸はロシア時代に比していっそう閉鎖された。しかも閉鎖はもっぱら欧米人に対して行なわれ、日本人に対しては開放主義をとっている。日本より大連に入る貨物は無税なのに、上海より大連に入る貨物には清国沿岸貿易税がかかるという。英国汽船が大東溝において繭《まゆ》の輸出貿易を始めることを拒絶された。牛荘における関税の徴収は日本人の手に移り、同港の税関吏ことごとく交代し、商業界に不安を齎《もたら》している。

英米両国は満州に平和克復の暁には、日本は速やかに門戸開放主義を実行してくれると期待したにもかかわらず、累次の声明を没却して満州の門戸を閉鎖し、独り自ら同地方の利益を壟断《ろうだん》せんとするものなりとの感想を、列国政府及び人民に懐《いだ》かしむるに至った。欧電の曰く、日本はポーツマス条約を以て講和条約と認めず、休戦条約と目しつつあり、日本はふたたびロシアと戦うための準備をなしつつありと。

思うに、根底において満州は撤兵終了予定時期の来年四月までは依然戦時状態にありとの見解をとる者があるが、これは大なる誤解であって、講和条約の確定と共に平和状態に移ったのであり、大軍を撤兵するために一定の期間を約したものであって、軍政を継続しているのは誤りである（自分がかようなことに口を差しはさむは冗弁なりとの誹《そし》りを免れざるべきも）。軍政官は直ちに廃止して清国官憲に一任すべきものである。大連開放はこれを速やかにし、同港において賦課せる清国沿岸貿易税はこれを廃止すること、等々。

さっそく、このように具体的な討議が行なわれたが、上記出席の最高責任者のうち誰一人として門戸開放、機会均等の原則に反対の意見を持つ者はいなかった。但し陸軍大臣も参謀総長も外務大臣も、実際に満州で行なわれている行動については、まったく何も知らなかったものと思われる。このように国家の方針として門戸開放を否認したわけではなかったが、戦勝の驕《おご》りと共に私曲（よこしまで不正な態度、朝河エール大学教授の言葉）に走ったとして、米国では黄禍論が拡がった。まさに後世に伝えるべき教訓である。

（ロ）さらに米国との間に緊張を高めたものは、前述した通りシベリア出兵問題（シベリア干渉戦争）であった。一九一七年十一月ロシア革命勃発、十二月には連合国軍事会議で革命政権への干渉計画が提言され、一九一八年、英仏から日米両国にシベリア出兵の要請が行なわれた。そこへ一九一八年五月、シベリア鉄道経由で本国へ送還中のチェコスロバキア軍捕虜の救援事件が起きたので日米共に出兵に決した。各国五八〇〇～七〇〇〇人の出兵に対して日本は一万二〇〇〇人であった。米国は日本軍による沿海州、北満州の占領を警戒した。各国の撤兵が一九二〇年六月までに完了したのに、我が国は一九二五年五月まで北樺太に駐留を続けて列国の非難を浴びた。

（ハ）山東処理問題。第一次大戦中一九一四年一一月七日、日本軍は青島を占領した。日本はこの山東省内における独の利権を継承して、中国領域内における軍事的政治的優越を保持したいという強い関心を示していた。中国にしてみれば、自ら参戦したのであるから独の租借権は消滅していると主張、日中の対立の如く見えたが、実情は日米の対立であった。もし日本が失望して連盟を脱退すると、すでにイタリアが脱退を宣言しているので、連盟の成立が危うくなると見て、ウイルソン大統領は一九一九年一月、ドイツの旧権益を日本が継承するということで妥協した。日本はこの権益をワシントン会議で中国に返還することを同意したのであるが、本件は日米の対立を深めた。

（ニ）この他に一九〇七年、日本人移民問題は日米両国の国民感情の激突に発展したし、一九一五年、対支二一ヵ条問題は、国際的に強い対日批判を巻き起こした。こうして見ると当時日英同盟が、あたかも米に対する対抗策のような感を与えるものがあって、米英の基本政策たる中国の主権の尊重、門戸開放を日本が犯すことがあっても、英国が同盟に縛られて米を強く支持することが出来ず、米が単独で日英両国に立ち向かう場面が生じた。

しかも第一次大戦後のイギリスはアメリカに対して弱い立場にあったから、国内的にも、自治領の反応からも難しい立場に立たされた。明らかに日本外交の命綱たる日英同盟を絞殺したのは、英国に非ずして間違いなく米国の圧力であるし、その圧力に材料を与えた我が国の満州における行動その他、対アングロサクソン配慮の不足が悔やまれる。

かくして、一九〇五年から一九三三年の間に、日本とアングロサクソン両国との間は、日英同盟を失いながら、満州政策を梃子《てこ》に冷えてしまった。そしてこの一九三三年における日本とアングロサクソン両国との関係は、太平洋戦争に繋がっていったと思う。

もう一つ忘れてはならないものは、この当時世界恐慌に襲われて、米国はシカゴで六六万人、ニューヨークで一〇〇万人の失業者をかかえていたが、一八九九年から一九二九年の間にこの国は第二次産業革命を経験して、製造業の生産高は二六四パーセントはね上がっていた（『アメリカ一九一四―一九三二』ウイリアム・ロッテンバーグ）。恐竜の姿が失業者の陰に霞んでいたように思われてならない。

B、石丸少佐は『日英必戦論』を書き終わって、所見を述べて対ソ外交が大切であると力説した。『日本外交年表並主要文書、外務省』によると、一九一七年ロシア革命のあと、一九二五年一月、芳沢公使とカラハンが北京で日ソ基本協定に調印して国交を恢復した。すぐその翌年以降の経過は、

1926・8・25　ベゼフトスキー、ソ連代理大使は出淵次官に中立条約の締結を提議した。

1927・5・24　ソ連大使は田中外相に不侵略条約締結を提議。しかし日本側は二回とも拒否の回答をした。

1927・6・16　田中義一首相はワレクエンド・ブガレフスキー駐日全権大使に対して、国際情勢の実勢を考慮すると、締結は時宜にかなわないとして、日ソ経済関係の強化に応じてこの問題に立ち戻るのがよいと述べた。

1927・10・14　ソ連外務人民委員代理カラハン、田中大使に不侵略条約締結を提議。

1928・3・8　ソ連大使、日ソ不可侵略条約締結を田中外相に提議。

1931・12・31　ソ連外務人民委員マクシム・リトヴィノフは、外相に就任のためパリ

ーから東京に向かう途中、モスクワに立ち寄った芳澤仏大使に不侵略条約締結を提議。

1932・1・12　ソ連大使トロヤノフスキー、犬養兼任外相を訪問、前年12月31日、提案の不侵略条約提議につき会談。

1932・3・6　ジュネーブにてリトヴィノフ、松平大使に不侵略条約を提議。

1932・11・4　モスクワにてリトヴィノフ及びカラハンから、松岡国際連盟代表に不侵略条約締結を提議。

1932・11・9　ソ連カラハン、天羽代理大使に日・満・ソ不可侵条約を提議。

1932・12・13　内田外相、ソ連大使に口上書を手交、不可侵条約締結を拒絶。

1933・1・4　ソ連大使、不可侵条約に付口上書を提出。

1933・1・17　ソ連、不可侵条約に関する口上書を突如発表、19日、有田次官抗議。

1933・3・22　ソ連大使、内田外相と会談、日本の不侵略条約締結拒否に遺憾を表明。

石丸少佐が対ソ連外交の重要さを説いていたちょうどその頃、日本政府は右記のようにソ連からの度重なる不可侵条約締結の申し入れを拒否していた。ソ連は当時、独、リトアニア、トルコ、ペルシャ、アフガニスタンとの間で条約を結び、フィンランド、エストニア、ラトビア、ルーマニアと交渉中であった。

このあと我が国は八年経ってソ連と中立条約を結んだ。終戦に近づくや、ただ一つの国際条約として頼りにした対ソ条約を、このころ何故こんなに愚かに拒否したのかまったく不思議である。当時の有田外務次官は、「軍の国防目標を見失わせ〈ソ連は米に次ぐ仮想敵国であった〉、兵士の志気にも悪影響を及ぼす虞《おそ》れがあるという陸軍側の反対が最大の理由であった」(一九六一年四月二十二日、有田氏談)。

森島守人著『陰謀、暗殺、軍刀』の中には、「ハルピンへの赴任の内命に接していたので、新任の小磯関東軍参謀長の意見をただしたら、「ソ連と不可侵条約を結べば、国内に軍事予算削減論が出るだろう。軍に不可侵条約に対する反対があるとすれば、畢竟この点に出ずるものと思われる。兎も角、関東軍としては締結に異存はない」」。

この段階で先方の申し出を受けて立って、ソ連との間に不可侵条約を締結しておれば、コミンテルンの活動抑制も可能であったから、ワシントン体制におけるソ連側活動も牽制できたし、何よりも日中関係は異質の展開をしただろう。そうなればルーズベルトの作戦にもヒトラーの戦略にも大きく響いて、その影響は測り知れない。九回に及ぶ不可侵条約の申し込みを、陸軍の意向に従って拒否したとは許されない愚挙である。

石丸少佐の所見に、「軍人が一国の外交を左右する時にはその国は亡ぶ。第一次大戦のドイツが典型であって、戦いに勝ったドイツは軍閥が外交を左右して敗れた。現在の我が日本に剣をガチャつかせて国家の大をなす所以《ゆえん》の道なりと考える者はないか〈この頃これだけのことを著書に書くのは勇気を要したであろう〉」とある。

一九〇五年から一九三三年の間にアングロサクソン両国との間を前記の通り冷却させてしまったのに加え、一九二六年から一九三三年の間に北の国、第二次大戦の鍵を握ったソ連との間で、まったく意味もなく陸軍の主導で不可侵条約を拒絶し続けたのである。

石丸少佐が軍機保護法にふれたその内容が知りたくて、防衛庁防衛研修所に出かけて調べてもらったが、関係書類が発見できなかった。

（「海軍兵学校第70期会会誌」再刊第31号・平成十七年九月十五日）

原爆投下の真相を問う

「広島・長崎への原爆投下は必要だったのか」という問いに、アメリカ人は決まって、「終戦を早め、本土決戦で予想される米兵の膨大な犠牲を避けるためには、絶対に必要だった」と胸を張って答え、恥じる風がない。果たしてそれは真実だろうか。

①二〇〇五年（平成十七年）七月二十日、この年の二月に九四歳で亡くなった兵学校五八期の千早正隆海軍中佐、元聯合艦隊参謀を偲ぶ会が水交会で催された。九二名が集まった。冒頭に元大本営陸軍参謀、昭和二十年には聯合艦隊参謀を兼務していた瀬島龍三陸軍中佐が追悼の言葉を述べた。その中で瀬島元参謀はこんな話をした。

「昭和二十年四月、沖縄特攻作戦に打って出た戦艦『大和』が撃沈された後のことであったが、聯合艦隊参謀として、陸上防衛担当だった千早と二人で九州ほか各方面戦備状況視察を命ぜられて出かけた（お互いに千早、瀬島と呼び捨てにする仲であった）。二人で要所を視察して大洗まで来て結論をめた上、九州の鹿屋へ帰った（当時、沖縄作戦のために聯合艦隊の本拠は鹿屋に置かれていた）。六月二十三日、沖縄は玉砕した。

その頃、内閣書記官長の迫水さんから電話があって東京で至急会って話をしたいといって来た。海軍機で上京するときに千早が機内に乗り込んで来て、私に一刻も早く終戦に持ち込むべきだと強く念を押した。

迫水さんの質問は三点あって、まず本土決戦について見込みをどう思うか、つぎにソ連は対日宣戦を行なうと見るか、最後に天皇陛下から終戦の号令がかかったら陸海軍はこれに従うと思うかということであった。六月二十九日深夜（四月半ばであったとの記録もある）、内閣書記官長官舎での会談であった。

私はこれに対して、⑴本土決戦については成功の算はない。その最大の理由は制空権をとれないことである。⑵ソ連は八月か九月に対日宣戦すると思う。⑶天皇の降伏の命令が下れば陸海軍はこれに従うと思うと申し上げた」

瀬島さんの話を聞いていたとき、右隣の椅子に千早さんと親しかった『昭和史』の著者半藤一利さんが、その話を書き留めている姿があった。

ポツダム宣言間近に陸海軍の有力参謀が二人、命令を受けて本土決戦準備を査察のために、敵の上陸予想地域を歩き廻った話は貴重であった。迫水書記官長から鈴木総理へ間違いなく報告された内容であるし、陸海軍参謀が揃って本土決戦に成功の算がないと思う旨を、正式に報告したことは米内海相はもとより、阿南陸相にも届いたのではなかろうか。瀬島さんは締め括った、「千早は終戦に貢献しました」。

念のために、本土決戦に成功の算なしという、両参謀の六月末における判断には原子爆弾は視野外だし、ソ連参戦もその計算に入っていない。

②今年（平成十八年）は終戦から六〇年になる。その年に鳥居民氏著『原爆を落とすまで日本を降伏させるな』という本が出た。その参考図書として米国ガー・アルペラビッツ（GAR ALPEROVITZ 以下ＧＡＬと略称する）著『The decision to use the Atomic Bombs』、訳して『原爆投下決断の内幕』上下巻一〇〇〇頁と仲晃氏著『黙殺』上下巻七〇〇頁が推されている。この四巻に半藤一利氏著『昭和史』、左近允尚敏氏著『敗戦』を加えて、広島・長崎に投下された原子爆弾をじっくり研究したくなった。

一九四五年、米国大統領トルーマン、英国首相チャーチル、ソ連書記長スターリンが廃墟と化したベルリン郊外ポツダムに集まって、三巨頭会談を行なうことになった。

大統領に昇格したばかりのトルーマンは、なったばかりの国務長官バーンズらと巡洋艦オーガスタに乗って、七月七日ニューポートニュースを出発、陸軍長官スチムソンはマックロイ次官補を伴って、別の船に乗ってオーガスタを追った。八日がかりの航海であった（なぜ艦船を利用したのか全然説明がない）。この四人ともほどなくニューメキシコ、アラモゴードで原子爆弾の実験が行なわれることを承知していたし、特に大統領とバーンズは巡洋艦オーガスタの通路を隔てた部屋をとってひそひそと、この原爆にまつわる密談を交わしていたに違いないが、一切この頃の日記もメモも残していない。

トルーマンが七月十五日、スチムソンが七月十六日、ポツダムに到着した。そして七月十六日朝五時二十九分四十五秒、ニューメキシコで大爆発が起こって実験が成功した。七時三十分、その成功の報告がトルーマンに届いた。

四月、米軍沖縄上陸から、トルーマンがポツダムに到着した七月十五日頃までの世の中の事件のあらましと米国文武高官たちがドイツ降伏のあと、独り残った日本をどのように処理して第二次大戦の終結を図ろうと考えていたかを、歴史家の話に沿って概観してみるとこうなる。

一九四五（昭和二十）年

4・1　米軍沖縄に上陸（6月23日、日本軍沖縄で玉砕）。

4・5　ソ連、日ソ中立条約の不延長を通告。

〃　小磯国昭首相が辞職のあとを受け、鈴木貫太郎海軍大将が首相に就任。

4・12　フランクリン・ルーズベルト米大統領急死、トルーマン副大統領が昇格して第三三代大統領となる。

5・2　新兵器（原爆）に関連した問題を討議するため、特別の機構「暫定委員会」が設置された。陸軍長官スチムソンが委員長、その私的代理人がバーンズ、あと四人の科学者と海軍次官から成る。

5・8　ドイツ無条件降伏。

5・12　日本最高戦争指導者会議。秘密会議で和平工作、終戦方策など協議。

5・28　グルー国務長官代理がトルーマンを訪ねて、天皇制存続を保証することを盛り込んで、日本へ降伏を促す対日宣言を早期に声明すべきことを建言した。

6・1　暫定委員会でつぎのことを陸軍長官の耳に入れるべきだとバーンズが提案して委員会が同意した。すなわち「原爆の最終的な攻撃目標を何処にするかは、基本的に軍が決定することだと認識しているが、日本に対して出来るだけ早く、事前の警告なしに使用すべきである」。

6・3　対ソ和平工作で広田・マリク箱根会談。

6・18　ホワイトハウス首脳会議（トルーマン、リーヒ海軍元帥、マーシャル陸軍元帥、参謀総長、キング海軍元帥、イーカー陸軍中将、スチムソン陸軍長官、フォレスタル海軍長官、マックロイ陸軍次官補が出席）。

6・19　国務、陸軍、海軍の三省委員会。スチムソン、グルー、リーヒ、キング、ニミッツがこぞって、日本に対して「グルーが大統領に訴えた方策（天皇の地位保証）」を採用することを支持する旨表明した。

6・22　天皇が政府首脳（総理、外務、海軍、陸軍、参謀総長、軍令部総長）を召して時局収拾を求める。

6・26　三省委員会でトルーマンに提出すべきポツダム宣言案をスチムソンが読み上げた。7月2日に大統領に提出された。これが第一二条に天皇の地位保全を謳った、いわゆる7月2日メモである。

7・13　トルーマンと7月3日に国務長官に就任したバーンズたちを乗せた巡洋艦オーガスタが大西洋の中間点に到達したとき、東郷外相からモスクワ佐藤大使に宛てた重大な内容の至急電が、傍受解読されて大統領に報告された（トルーマンが知ったのは米国時間の7月12日である）。天皇裕仁による直接の介入を示す極秘電であった。

すなわち、「天皇は現在の戦争が日々国民に大きな災いと犠牲を齎《もたら》していることに配慮され、心より早期終戦を望んでおられる。和平の大きな障害、イギリスとアメリカの無条件降伏の要求が存する限り、大日本帝国は祖国の名誉と存亡をかけて全力をあげて戦闘を続ける以外に道はない。外相としては戦争終結に向けてソ連の支援を要望する親書を携えた天皇の特使を送るから、ソ連政府がこれを受け入れるよう要請する」。

天皇が動き出したということは、ただ事ではなかった。米国の首脳者は尋常ならざる気配を感じとったのである（迫水内閣書記官長の証言によれば、東郷外相は最後まで米国に対する直接申し入れを主張して、ソ連介入に反対した。しかし、軍が直接申し入れることは無条件降伏を受け入れると解されるから容認できないといった）。

③こうして沖縄戦末期に、米国文武高官たちは、（a）日本外務省の暗号パープルが解読されているので、六月二十二日の宮中秘密首脳会議を始めとして、東郷外務大臣―駐ソ佐藤大使のやりとりを筒抜けに知っていた。特にこの夏最大のニュースと目したのは、天皇が提案したプリンス近衛特使派遣構想であった。米国高

官たちは、日本は自らその敗北を自覚しているし、天皇自らのり出して終戦をオファーしていると認識した。

（b）知日家元駐日大使グルーの意見によっても、これら暗号の教えるところによっても、戦争終結の鍵は天皇の地位の保証にある。保証をすれば日本はかならず降伏するから、原爆投下の必要はないと判断した。もしこの保証を行なわなければ日本は抵抗を続けるであろう。日本軍部は無条件降伏とは国家と民族の滅亡を意味し、天皇は絞首刑になるかも知れないと考えていると観測した。

（c）同時に彼らの頭には、ルーズベルトが約したヤルタ協定によるソ連の対日参戦予定があった。ソ連が参戦することは日本にとって大きなショックであろうし、降伏を促す大きなモメンタムになるだろうと考えた。しかし、ソ連参戦の功罪については揺れ動いていた。

前記（a）（b）の意見を共有した高官たちがワシントンやポツダムでトルーマン大統領に、その所信を左記の通り直接働きかけて建言勧告した。

1、グルー国務長官代理（1945・5・28）
2、ハーバート・フーバー共和党元大統領（5・30）
3、グルー国務長官代理（6・13）
4、サミュエル・ローゼンマン大統領法律顧問（6・17）
5、グルー国務長官代理（6・18）

6、マックロイ陸軍次官補（6・18）
7、リーヒ海軍元帥、統合参謀本部議長（6・18）
8、国務省（6・30付公式勧告）
9、ラルフ・バード海軍次官（7・1）
10、スチムソン陸軍長官（7・2）フォレスタル海軍長官及びグルーが支援
11、スチムソン陸軍長官（7・16）
12、チャーチル英国首相（7・18）
13、統合参謀本部（7・18）
14、マーシャル元帥（7・18）何があっても天皇を追放してはならぬといった
15、スチムソン陸軍長官（7・24）

右に列記した文武高官の他に、マッカーサー元帥：原爆投下は軍事的にまったく正当化できない。天皇制の維持に同意していれば、戦争は何週間も早く終わっていたかも知れない。但しマッカーサーは非公式にも助言を求められてはいない。

一九八五年、長時間インタビューを行なったニクソン元大統領は、マッカーサーが、原爆が投下されたことは悲劇だ、軍は如何なるときも、非戦闘員への被害を限定することを旨とすべきだ、と言っていたと語った。

アイゼンハワー元帥：七月十六日、ドイツの本部でスチムソンと夕食を共にしたら、原爆のことを告げられた。アイクは二つの理由で原爆投下に反対した。第一は日本はすでに降伏しようとしており、あの恐ろしいもので攻撃をする必要はない。第二に米国がそのような兵器を使う最初の国になるのを見たくない。なお、ソ連を太平洋戦争に引き入れることには反対である。七月二十日、アイクはまたベルリンへ飛んで、トルーマンとその側近を交えて再度原爆を使わないように勧告した。

カーチス・E・ルメイ少将（第二一爆撃隊司令官）：ロシアの参戦がなく、原爆がなくても、戦争は二週間で終わっていただろう。原爆は戦争の終結とはまったく関係がなかった。

戦略爆撃調査メンバー：原爆が投下されず、ソ連が参戦せず、本土上陸をしなくとも、日本は一九四五年十一月以前におそらく力尽きていただろう。十二月三十一日までには確実に降伏していたはずである。

このように文武高官たちは、天皇の地位保証を支持すると共に、軍人のトップはすべて原爆の投下に反対した。

米軍基地航空部隊の恐るべき空襲は、一九四四年十一月から始まったが、一九四五年三月から特に激しくなった。マリアナに加えて沖縄からの攻撃も始まった。空母部隊による攻撃も激しかったし、B29による機雷敷設は、日本国内の海上交通を麻痺させた。潜水艦部隊は遂に日本海に入った。戦艦・巡洋艦・駆逐艦は各地で陸上目標を砲撃した。釜石・室蘭・水戸・日立・横須賀・浜松が砲撃を喰らった。詳細については左近允尚敏著『敗戦』に貴重な記録が載っている。終戦判断の重要材料である。

④七月三日、国務長官に就任したジェームス・バーンズは、政界の大物で民主党におけるトルーマンの大先輩で、権謀術数の人であった。当時副大統領を置いていなかったから、もしトルーマンが倒れたら大統領を継承する位置にあった。ほどなく大統領と仲が悪くなって一九四七年一月辞任して、マーシャル国務長官がこれに代わった。

原爆製造に関する、いわゆるマンハッタン計画の長であったスチムソン陸軍長官は、前述の通り国務省とも打ち合わせの上、対日宣言の草案を作成して、トルーマンが巡洋艦オーガスタに乗る直前の七月二日、自らの所見を強力に訴えながら大統領に提出した。この草案の第一二条には、天皇の地位に関連して、つぎの通り謳われていた。

「以上の目的が達成され、日本国民の自由に表現された意志に従って、平和的性向の責任ある政府が樹立されると同時に、連合国占領軍は速やかに日本から撤収する（このあとに大切な後段が続く）。侵略的軍国主義を不可能とする平和的施策を、政府が真に決定したと平和友好国に確信させるなら、現在の皇室の下における立憲君主制も含み得る」

ところが、にもかかわらず、七月二十六日、ポツダムからトルーマン、チャーチル、蔣介石三代表（除スターリン）から発信された、いわゆるポツダム宣言の中には、この大切な第一二条後段が消えていた。トルーマンとバーンズの手で削除されていたのである。バーンズの助言によるものといわれている。

この第一二条後段を削除した無条件降伏をズバリ要求する、ポツダム宣言なるものを、G

ＡＬ博士の分析を基礎にして鳥居さんが要約解説したものが、前に述べた『原爆を投下するまで日本を降伏させるな』というこの新刊書である。

七月二十六日のポツダム宣言放送を聞いて鈴木総理は、「公式に注目するに値しない」と記者会見で表明した。有名になった黙殺事件であるが、トルーマン自身、このポツダム宣言が受け入れられないことは、十分に計算づくであった。

こうして悲劇の原爆は、八月六日〇八一五広島市に投下されて、約一四万人を殺害した。八月八日、ソ連は日本に宣戦を布告、九日、満州から侵攻を開始した。九日一一〇二長崎に原爆投下、一三万七三三九人を殺害した。そして日本から八月十日降伏を打診し、十一日修正されたポツダム宣言を受諾という経路を辿った。

⑤さてＧＡＬ博士、鳥居さん、仲さんと共に七月二十六日のポツダム宣言の幾多の問題点を洗ってみよう。

（ａ）もしグルー路線が採用されていたら、どう展開したか。

グルー路線の場合には、五月二十八日、彼が提唱したとおり、

一、天皇裕仁の地位を保証する。

二、原爆は使用しない。

三、出来るだけ早く降伏勧告を宣言して、決断のための余裕を与える。

という方式になる。

原爆に頼らない場合、ポツダム会談の日取りについては、チャーチルが六月十五日、スタ

ーリンが七月一日を提唱していたから、六月下旬〜七月始めに開催可能であった。仮に七月前半にスチムソンの七月二日メモ通り天皇の地位を保証する第一二条全文を謳ったポツダム宣言が届いた場合、日本は原爆の洗礼を受けることなく、ソ連の侵攻ショックも受けていない状態で如何なる反応を示したであろうか。

六月二十二日一五〇〇天皇の御召しにより、最高戦争指導会議のメンバー六名が出席、陛下から時局収拾につき考慮すること必要なるべく、これに関する所見如何との御言葉があって、米内海相から始まって意見を述べたが一般論に終始している。鈴木総理は陛下から、われわれが云うことを憚《はばか》るようなことを率直に仰せられた、まことに有難いことであると語った、と迫水内閣書記官長の手記『終戦の真相』に出て来る。

この『終戦の真相』の中に、阿南陸相について迫真の記述がある。

「阿南大将は終始終戦には反対されました。しかし私は大将は本当に苦しい腹芸をされたのだと思います。阿南さんは侍従武官として陛下に直接お仕えして、その御心を知っておられたのです。心は終戦の他なしと考えて居られたのに相違ありません。当時の陸軍の状況から申しますと、もし阿南さんが賛成されたら、かならず部下に殺されていたと思います。もし殺されたら陸軍大臣を補充しなければなりませんが、当時の陸軍大臣は現役の大、中将ということになっておりましたから、その補充について軍が承諾しない限り出来ないのでありまず。もし出来ないなら鈴木内閣は総辞職するほかありません。あの場合、鈴木内閣が総辞職したら、終戦は出来なかったでしょう。阿南さんはこのことを知ってあの腹芸をされたのです。私は大将の墓地にお参りするたびに、墓に抱きついてお礼を申し上げたい気がします」

記録によると、六月二十二日、天皇との会議のあとしばしば戦争最高指導者会議が開かれたが、腹を割った根本的な終戦対策の討議が行なわれずに、七月十日、ソ連に対して特使を派遣することになるが、高木日記を見ても、すべて陛下の指示がなければ事態は進まなかった。

迫水さんは、「六月中旬における内閣側と陸軍側との内面的な対立抗争は大変なものでありまして、陸軍側は密かに倒閣運動を始め、私などに対しては反戦論者として、いつ逮捕するか判らないぞと威嚇《いかく》しておりました」といっている。終戦への積極的な発言が漏れると、テロを呼ぶ雰囲気であった。

こんな国内情勢であったから、第一二条全文を備えたポツダム宣言が声明されても、これを討議する態勢にないように考えられるが、陸軍の内情については、天皇も鈴木総理も充分承知の上である。東郷外務大臣としては、否応のない宣言であるから、疑いなく鈴木総理と諮って天皇の積極的な御指示を仰いだであろう。

陸軍強硬派はもちろん、自主的撤兵、保証占領に関する留保、戦犯の自主的処理を掲げて反抗したであろうが、この場合は、国体維持の保証の下に聖断が下るわけであるから、阿南陸相の割腹覚悟の承詔必謹説諭によって、陸軍も間違いなくおさまったと思われる。アメリカ側も終戦はこうあるべきだったとの今や統一見解であるとGALはいっている。

(b)何故トルーマンは、トルーマン・バーンズ路線を選んだのか。これだけ大勢の影響少なからぬ文武の高官が口を揃えて、日本処理の鍵は天皇裕仁の皇位保証にある、その皇位を保証すれば、日本は降伏する情勢にあるから、原爆を投下する必要はないと意見具申を重ねているのに、何故トルーマンはキーポイントの第一二条後段を削除して、彼らの意見を退けたのか。

唯一考えられる答は、原爆を一般都市の中心に投下して市民を一〇万人も二〇万人も無慈悲残虐に殺戮するところを、とりわけソ連に見せつけたかったのだという説である。

多くの有力者がいうように、日本はすでに敗北していて、その首脳部は自らそれを自覚していることは、解読した暗号を読めば自明である。もし第一二条全文を謳った宣言をぶっければ、日本は日ならずして降伏するであろう。

原爆の威力を冷戦時代の外交に利用するためには、日本の降伏以前にこれを投下しなければならぬ、そのためには第一二条二項を削除して宣言すれば、間違いなく日本は戦争を継続する。戦争を継続させておいて、その都市のど真ん中に原爆を投下しなければ、その残虐さを披露できない。

日本処理の鍵が天皇の地位の保証にあることを認識すればするほど、この第一二条後段を削除することの効用を利用したくなったということであろう。

まさに「原爆を落とすまで日本を降伏させるな」であった。この頃、特に欧州ではソ連との緊張が高まって、ドイツと日本が降伏した後も核兵器を継続生産できる体制を整えていて、原子力外交がアメリカの作戦行動の核心にあったといわれている。英国の物理学者ブラケットにいわせると、原爆投下は第二次大戦最後の軍事行動というよりは、冷戦下の対ソ外交における、最初の重要な作戦であった。

（c）何故八月六日だったのか。

トルーマンは五月末、スターリンに信頼されているハリー・ホプキンスをモスクワに派遣して、スターリンと会談させた。ソ連の対日参戦時期はヤルタ協定によれば、ドイツの降伏から二または三ヵ月後となっていたが、この会談の時にスターリンは三ヵ月後の八月八日だといった。その後準備が遅れて、七月十七日、ポツダムでトルーマンがスターリンに会ったときには、八月十五日に参戦するといった。

ソ連が参戦すると、そのショックで日本が降伏する算大だと判断されていたので、トルーマンとバーンズは、この参戦予想日の前に原爆を日本の都市に投下したいと考えた。この大切な参戦予定日を確かめるために、ハリー・ホプキンスを派遣したのであった。

八月三日以降、投下可能と判明して六日が決まった。長崎については広島のあと、次の投下を慎重に検討することもなく決定してしまった感がある。マンハッタン計画の物理学者ビクター・ワイスコフがいったそうだ。「二発目は犯罪である」。

（d）原爆実験の日とポツダム会談時期が一致しているのは何故か。

原爆の実験は当初七月四日の予定であったが、トルーマンは実験日に余裕を見込んで七月十五日をポツダム会談開始日と決めた。チャーチルもスターリンも、もっと早く会って欧州問題を討議したいとの強い意向であったが、トルーマンはこれを押し切って七月十五日と決めた。この会談期日をトルーマンに納得させたのはバーンズだったろうと、GALはいっている。実験成功の報を会議場でさり気なくスターリンに伝えて、優位を思い知らせることが出来た。

七月十七日から始まったスターリンとの交渉では、赤ん坊（原爆）が生まれた後のトルーマンは、赤い大きなリンゴをポケットに隠し持った少年のように活き活きと、きわめて強気の対応振りを示した。ポツダム会談期日の設定は、したがってトルーマンにとっては成功であった。

⑥なお、以下の通り原爆投下に関連する若干の大切な話題がある。

（a）神話の第一、米兵一〇〇万人犠牲説。

元陸軍長官ヘンリー・スチムソンが原爆投下に関する事実を一般に説明するようにと、ハーバード大学学長コナントから要請を受けて、雑誌ハーパースに一九四六年秋、『The decision（決断）』という論文を掲載した。これが戦後米国で原爆投下に漸次高まりつつあった批判に対して、きわめて効果ある説明になったといわれている。

コナント自身としては、原爆が対日戦争を早く終結させると信じていたし、実戦で使用されない限り米国民にも世界各国にも、国際協定によってこれを管理すべきだと説得することが困難になると考えていた。

スチムソンの論文『The decision』の中核をなしているのは、戦争を終結に導くために、都市を標的として原子爆弾を使用する以外に考えられる代替案としては、一〇〇万を超す犠牲者が見込まれる上陸作戦であった（何故こんな嘘をつくのか。七月二日のスチムソンメモにあるとおり、天皇の地位を保証すると宣言に謳う案があったことをこの論文に書くと、トルーマン擁護にならないからである）という主張である。

かつて共和党フーバー大統領の国務長官をつとめ、民主党フランクリン・ルーズベルトから党派を超えて陸軍長官に乞われ、原爆製造の議が起こるや、たちまちその委員長としてマンハッタン計画の頂点に立って来たこの人物が、戦後重々しく説いてこういった。原爆の威力がなければ日本は降伏しなかった。原爆を投下しなければ、一〇〇万人の米兵が上陸作戦で戦死したと。専門家が計算したところでは、九州上陸と日本の東海岸上陸時の米兵損害は、合わせても上限六万六〇〇〇人であるという。こうして神話が生まれて、いまだに日米両国で多くの人がそう信じている。

本件についてGAL博士は、こういっている。多くのアメリカ人の命が救われるために、原爆が必要だったという誤った話は、これに矛盾する情報の隠蔽なしには広く信じられることはなかった。今頃になって多くのアメリカ人が、政府当局者は国民に平然と嘘をつくものだと考えるようになった。

半藤一利氏は、その著『昭和史』の中でいっている。

「アメリカのトップの殆どの指導者達は、日本に原爆を投下することに何等ためらいませんでした。

スチムソン陸軍長官の回顧録にこうあります。一九四一年から一九四五年まで、大統領その他政府の責任ある高官が、原子力を戦争に使うべきでないと示唆するのを聞いたことがない」

（b）神話のその二「黙殺」。

七月二十六日に前述の無条件降伏型のポツダム宣言が放送されたときに、鈴木総理は心中終戦を考慮中であったが、強硬派を宥《なだ》めるためにこの放送について、「この宣言は重視する要なきものと思う」と記者会見で述べた。これが英語で ignore と訳され、さらに reject と訳されて、鈴木総理がポツダム宣言を拒否したと解釈されたために、広島と長崎に原爆が投下されたのだという神話めいた話が生まれた。仲晃氏『黙殺』に詳しい。

日本ではいまだによく聞く話であるが、これが的外れの話であることを示すために、トマス・ハンディ陸軍大将が署名した原爆投下命令書を見てほしい。日付は一九四五年七月二十五日、ポツダム宣言発表の前日である。黙殺される前に決心していたことになる。なお一九七九年にトルーマンが書いた『ポツダム日誌』が発見されている。この日誌の七月二十五日の欄に、「この兵器は今日から八月十日までの間に日本に対して使用する」とあるし、またこの日にこうも書いている。

「日本に対して、降伏してこれ以上死者を出さないよう警告を出そう。日本は受諾しないのはわかっているが、チャンスを与えてやろう」

（c）八月六日〇八一五広島に投下、八月九日ソ連参戦、八月九日一一〇二長崎に原爆投下があって、八月十日、日本から「天皇の国家統治の大権を変更するとの要求を包含していないとの了解の下に受諾する。帝国政府はこの了解に誤りはないと思うが、このことについての明確な意志を速やかに表明されるよう切望する」と打電したときのアメリカのトップの反応が仲晃氏の『黙殺』、左近允尚敏氏『敗戦』に出ている。原典は『トルーマン回顧録』、モスキン『トルーマンの戦争』等。

まずトルーマンが（老に）こう質問した、日本がポツダム宣言を受諾したとして扱って良いのだろうか。われわれは日本の制度を破壊しようとして来たし、天皇はこの制度の必要不可欠な一部であると感じる人がアメリカには沢山いる。天皇制を存続させたままで日本の好戦的精神を根絶させると期待できるものであろうか。これほど大きな付帯条件がついた申し入れであっても、われわれが目的としてきた無条件降伏の一種であると見做《みな》してよいのだろうか。

スチムソン：天皇の権威を利用することが、アメリカの国益に合致する。戦争の終結が長引けば長引くほど、ソ連の役割が増大することになる。

リーヒ（大統領軍事顧問兼参謀本部議長、海軍元帥）：スチムソン意見に同意。勝利が遅れることのマイナスに比べれば、天皇の地位の存続など小さな問題にすぎぬ。

バーンズ：無条件降伏の要求は、そもそも原爆投下とソ連の対日参戦の前に出されたものである。アメリカの軍事的優位が決定的になった現在、もしこの戦争の終結に条件を出す国があるとすれば、それはアメリカであって日本ではない。

フォレスタル（海軍長官、元投資銀行社長）：無条件降伏を日本に要求するポツダム宣言の趣旨は貫徹され得る。天皇と日本政府は、敗戦のときより連合国最高司令官の命令に従属しつつ統治を行なうこととすれば、中和することが出来る。

グルー：（トルーマンがホワイトハウスから電話して意見を聞いた）フォレスタルの意見に同意する。天皇は連合国軍の日本進駐の際、流血を避けるために貢献するであろう。

こうしてトルーマンは、充分な討議を経た形をとって、フォレスタルの提案に従って日本に回答するようにバーンズに指示した。
（d）このGALの『原爆投下決断の内幕』という本を読んで、非常に気になる記事にたびたび出会った。一九八九年に行なわれた世論調査がある。そこには真珠湾攻撃についての質問があって、ほぼ半数の人がこう答えている。太平洋戦争の始めと終わりを画した二つの出来事については、日本とアメリカがそれぞれに謝罪すべきだ。つまり真珠湾の無警告爆撃については日本が謝罪し、原爆投下についてはアメリカが謝罪せよという。
一九五八年にトルーマンがいった「もちろん日本が一九四一年十二月に真珠湾を奇襲しなければ、このような重大決断を下す必要は起こらなかったのである。このような奇襲作戦にかかわらず、われわれアメリカは日本が復興して、偉大な繁栄した国になるために喜んで助力を与えている」。このほかたびたび原爆投下は復讐だと思っていると、トルーマンが口にする。念のためにこの場を借りて反論しておきたい。

一九四一年八月一日、アメリカは日本に対してOil Embargo（禁油）を行なった。これは国際法上、宣戦布告に等しい行為である。ルーズベルト内閣のイッキーズ内務長官日記の一九四〇年八月十日を見てほしい。
陸海軍長官から対日禁油が大統領に提案されたときに、それをやったら日米はかならず戦争になるが、アメリカはまだ準備不足であるといってこれが延期された。翌年、遂に禁油が断行されたので、日本はやむなく油を求めてインドネシアに向けて兵を進めざるを得なくなった。

インドネシアに兵を進めるためにはハワイにいる米艦隊が、側背を突いて来る虞《おそ》れがあるから、仕方なくハワイを空襲したものであって、まったく自衛の戦争である。ルーズベルトは暗号を解読していたから、充分予期できる行動であった。そして日本に先に発砲させ、日独伊三国同盟を挺子にして、ルーズベルトは対独戦争に踏み切れたのである。そのためのOil Embargoであって、史家はこれを裏口戦争（Back Door to War）と呼んでいる。

この日本のハワイ空襲に対して、広島・長崎の原爆が復讐だなどといったら、アメリカの史家は笑うだろう。目的はほかにあった。

（「海軍兵学校第70期会会誌」再刊第32号・平成十八年九月十五日）

満州事変・大東亜戦争と統帥権の独立について

①明治二十二（一八八九）年二月十一日、紀元節の東京は夜来の雪で白かった。宮中の豊明殿で厳かな式のもとに「大日本帝国憲法」が、天皇から黒田清隆総理の手に下賜された。天皇のうしろには貴族が居並んだ。その中には、維新がなければ現在でも将軍であるはずの徳川亀之助や、ただ一人、洋服姿で古い日本のまげをつけた薩摩の島津公も見られた。

玉座の左右から二人の大臣が一つずつ巻物を持って進み出たが、その一人はもとの太政大臣三條公であった。その手にあったのが憲法である。天皇は巻物を手にとって御開きになり、声高らかに読み上げられた。ついで憲法の原本を黒田首相に授けられ、首相はこれを最敬礼で受け取った。式はわずか一〇分ばかりで終了して、祝砲が鳴り響いた（ドイツ人、帝国大学医科大学教授ベルツの日記）。しかし、この外国人はつぎのことを書き加えた。「だが、滑稽なことに誰も憲法そのものの内容を御存知ないのだ」（『明治憲法が出来るまで』大久保利鎌）。

明治の憲法は、王政復古からおよそ二〇年という試練の期間を経て作られた。極秘のうちに起草され、その後の審議の内容も一切秘密裡に進行した欽定憲法であった。

②明治憲法に至る最初の大きな契機になったのは、明治四（一八七一）年から同六年九月にわたる岩倉具視、木戸孝允、大久保利通ら政府首脳部の半数をあげて行なわれた欧米諸国訪問の壮挙であった。この使節団は欧米諸国の元首に挨拶し、在来の不平等条約の改正に関する予備折衝を行ない、その文物を視察する目的を持って米・英・仏・ベルギー・オランダ・ドイツ・ロシア・デンマーク・スウェーデン・ノルウェー・オーストリア・スイスの一二ヵ国を廻った。この諸国歴訪は、我が憲法制定史上に特筆すべき刺激を齎《もたら》し、憲法を持つことの必要を痛感せしめたのであった。

ついで明治十五（一八八二）年、伊藤博文がはっきりと憲法制定準備の命を受けて渡欧することになったときには、彼は一路、直、ドイツに向けて出発した。この間、明治政府首脳の間には、範とすべきは米に非ず、英に非ず、プロシャであると、明らかに目標が決まっていたことを示している。

明治十一（一八七八）年、桂太郎陸軍中佐の提案で、参謀本部が太政官から独立していたし、明治十五年一月、軍人勅諭が下賜されていて「我が国の軍隊は世々天皇の統率し給う所にぞある」と天皇が宣言している。憲法に謳わるべき天皇の統帥大権は、この年に先取りして宣言されているのである。

プロシャ憲法の第四六条には「国王は軍兵の元帥たり」とあった。明治十一年来日、同二十六（一八九三）年まで滞在したドイツ人ロエスラー教授と太政官書記井上毅《こわし》の研究が、右大臣岩倉具視に浸透して基本方針を確立させたと見られている。

日本の国際的な後進性を速やかに克服するためには、たとえ民権を犠牲にしても強力な絶対政権の確立が必要であった。国民の権利を擁護しながらも、同時に天皇の主権を民権から如何に擁護するかについて深く配慮された（『明治憲法制定史』清水伸）。この頃の官僚たちにとってプロシャ、ビスマルクの強力な政治力は、他に比して遥かに魅惑的であった。

かくて明治十四年七月五日、他の参議の意見開陳のあと、岩倉がその憲法に関する大綱を上奏している。曰く⑴欽定憲法たるべきこと⑵天皇は陸海軍を統率すること⑶天皇は宣戦、講和の大権を有すること⑷天皇は大臣以下文武官の任免権を有すること⑸国会の構成はイギリス式を排してプロシャのそれによること⑹国務大臣は天皇に責任を負い連帯責任としないこと。

ここで憲法の大綱が決まったから、明治十五年軍人勅諭が発布できたのである。岩倉具視の公家としての天皇に対する血縁的親近さから来る方策も見逃せないと、史家は指摘している。岩倉はしかし、伊藤が渡欧の旅から帰国するのを待たずに明治一六年、冒頭に出てくるベルツ博士に看取られて亡くなった。近代日本のバックボーンたる明治憲法は、

第　三　条　天皇は神聖にして侵すべからず。

第一一条　天皇は陸海軍を統率す。

第一二条　天皇は陸海軍の編成及び常備兵額を定む。

第五五条　国務大臣は天皇を補弼《ほひつ》し其の責に任ず。

その第一一条、第一二条に、いわゆる統帥権の独立を掲げていた（『明治憲法論』藤田嗣雄）。

③統帥権の独立とは、統帥権の行使が帷幄《いあく》機関の補翼により、天皇親裁によって行なわれ、内閣及び議会の干渉を受けないことを意味しているのであるが、国政上における軍部勢力の増大にともない、統帥権独立ということ自身明確な解釈を与えられないまま、軍部独走に都合のよい国家制度として定着するに至ったのである（『日本海軍軍令の研究』防衛研究所、『統帥権の独立と陸海軍』川野晄明）。

大本営陸軍参謀部第一部二課作戦課というところは、この第一一条、第一二条天皇の大権そのものを承《うけたまわ》って陸軍の関係先に伝達する担当課そのものであった。この課に昭和十四（一九三九）年から二十（一九四五）年まで在籍した陸士四四期瀬島参謀は、身を以て体験した統帥権の独立をこう語る。

「如何なる国にも最高指揮官というものがあって、それが国家元首である。日本では天皇陛下であったし、米国では大統領、英国は首相である。明治憲法の謳うように、天皇は国家の統治権を総する。そのカバーするものには国務と統帥がある。国務には立法・司法・行政があって夫々《それぞれ》国会・裁判所・内閣が天皇を補弼《ほひつ》するのであるが、統帥については国務とは全く別に参謀本部（陸）と軍令部（海）が補翼することになっている。通常、統帥は行政の範疇に入り、政府の管掌下に入る。だが、明治憲法下では、内閣総理大臣は国務大臣の首班であるが、陸軍参謀総長と海軍軍令部総長とは三者全く併立で対等である。

従って内閣総理大臣の権限は極めて弱体であって、戦時大本営の構成員にもならない。戦時、軍事戦略は大本営、政略は政府が管掌するが、戦争指導はどこが管掌するかとなると、憲法上は天皇御一人をおいてなかった。しかも補弼すべき戦争指導機構がなかった。明治時代には元老会議が存在して、実質的な国策決定機関となったので、欠陥を補ったのである。

尚参謀総長と軍令部総長を抑え得るのは、天皇ただ一人であるが、天皇はこの補翼すべき統帥部からの上奏には、慣習的にＮｏとは言われない。第一次大戦の教訓として、近代戦争は国家総力戦であって、政戦両略の統合発揮が平戦時を問わず、国の盛衰を左右することが明らかとなった。従って大正デモクラシーの時期に、我が国は憲法を改正して、国家機構の一元的近代化を図るべしとの声もあがったし、断行すべきであった」（『幾山河』瀬島龍三）

「第一次大戦後、統帥権の独立性を保つ先進国がほぼ皆無となった。中野登美雄によれば、独立性を残すのは日本とハンガリーのみであった」（『統帥権の独立と帝国陸海軍の時代』秦郁彦）

④具体的に歴史の重要局面において、明治憲法が日本帝国をどう誘導したか、事実に徴して見てみたい。

その１　国防方針

（ａ）明治四十（一九〇七）年の国防方針

日露戦争までは国策と陸海軍の軍備が一元的であったが、日露戦争が終わると、陸軍の大陸的攻勢論と海軍の海洋的攻勢論とは相容れなかった。しかのみならず今や元老山縣有朋の勢威を以てしても、世界の帝国海軍を統《す》べる山本権兵衛の剛勇は一歩も譲らなくなっていた。山縣はそれだからこそ、国防方針を制定して陸主海従的軍備の拡張を計りたくて、明治四十年四月、明治天皇に帝国国防方針を定めるべく願い出た。陸軍は二五個師団（戦時五〇個師団）、海軍は戦艦八隻、巡洋戦艦八隻の八八艦隊の建設を要請した。時の総理西園寺公望は、財政上、漸進的に処理したいと奉答した。

再度の元帥会議で、帝国の国是に合するものと確認、両統帥部長と陸海軍大臣へ、御嘉納が伝えられて国防所要兵力が決定された。実は枢密院にいた山縣が元帥の地位を利用して天皇に働きかけ、山縣私案を陸海軍統帥部に押しつけ、公式決定として粉飾したものであって、外務も大蔵も閣議も経ずして進めたものであった（『日本を滅ぼした国防方針』黒野耐）。

陸海軍の間の討議もなかった。多くの有力な元老が元気であった明治四十（一九〇七）年に、しかもときには自ら最高指揮者として指揮棒を揮ったという明治天皇を戴きながら、総理大臣は傍観者的であった。したがって目的とした陸海軍の政戦略的統一はまったく計られず、国家財政の三〇パーセントに及ぶ軍事費に喘ぐことになったが、第一二条天皇の編成大権の下にあの八八艦隊の建造も決まった。

仮想敵国としては、復讐に燃えるであろうロシアと、一段と反日に転じたらしき米国であって、国防方針としては陸海対等、両翼両輪、南北併進であった。その後第一次から第三次まで改訂が行なわれたが、国防方針に関する陸海軍の権益を統制調和するための組織は出来上がらなかった（『日本を滅ぼした国防計画』黒野耐、『統帥権の独立と日本帝国の陸海軍』秦郁彦）。

（b）国防方針の第一次改訂

大正四（一九一五）年第一次大戦勃発、対支二一ヵ条条約の交渉等、情勢の変化に伴い国防方針に対支作戦をも明記する必要に迫られ、大正七（一九一八）年六月、補修改訂の運びとなった。五月、参謀総長及び海軍軍令部長が改訂案を策案、それぞれ陸海大臣へ協議の上、陸海元帥に内示した。六月、統帥部から上奏、陛下から国防方針を内閣総理大臣へ御下付審議せしめられ、陛下から元帥府に諮問の上、参謀総長、軍令部長を召されて御裁可、ついで陸海大臣に裁可の旨御沙汰。七月二日、総理大臣に御裁定の旨御沙汰があった。

新国防方針は想定敵国として露・米・支の順とした。陸軍の戦時兵力を減じ四〇個師団として機械化を進める。海の兵力は八・八であったものを八・八・八として主力艦八隻を増加する（『日露戦争後における国防方針』島貫武治、『戦史叢書』海軍軍戦備）。

（c）国防方針の第二次改訂

ワシントン条約の結果、大正十二（一九二三）年二月二十八日、つぎのとおり改訂された。想定敵国については我と衝突の可能性大にして、かつ強大なる国力と兵備を有する米国を目標としてこれに備え、我と接壌する支・露両国に対しては親善を旨とするとされ、米・露・支の順に変更された。これは対米協調の我が外交方針と完全に矛盾するものであった。

「その所要兵力については、陸軍は大正一四年の宇垣軍縮により、四〇個師団、海軍はワシントン条約の結果、主力艦九隻、航空母艦三隻、大型巡洋艦四〇隻を基幹とする。この時、首相兼海相は加藤友三郎海軍大将であったが、大腸癌に侵されてこの年八月に死亡した。東郷元帥、軍令部次長加藤寛治中将グループの策動が功を奏したものであって、病に侵された加藤友三郎大将の対米不戦の方針を覆して、改訂の丸呑みを迫ったものであった」(『日本海軍と太平洋戦争』工藤美知尋)

ところで司馬遼太郎は、『国のかたち。歴史のなかの海軍』の中でこう喝破する。大正、昭和に入って日本海軍は存立を危うくするほどの重症欠陥を抱えるようになっていた。第一次大戦後、艦艇は石炭から石油で動くようになっていたが、その石油はアメリカなどから買い続けねばならない以上、対米戦など万が一にも起こせるものではなかった。しかし、そのことについて海軍は余り外部には洩らさなかった。とはいえこの課題は機密でもなんでもなく、常識を以てすれば推測できることであった。

ところが、大正末期から昭和にかけて言論家や政治家、陸軍軍人はこの一事に気づかなかったのか、あるいは気づかぬふりをして海軍軍縮派の軟弱ぶりを罵《のの》った。ともかく重油によるエンジンの出現と共に、日本海軍は少なくとも長期間は戦えない海軍になっていたのである。まさに司馬の指摘のとおりであって、全艦艇が一九二九年には重油焚きに変わった。そして重油の八〇パーセントは米国から輸入していたのである(『帝国海軍燃料史』)。

大本営瀬島陸軍参謀（当時聯合艦隊参謀兼務）の本の中に、こんな話が出て来る。昭和十五（一九四〇）年五月十一日〜二一日、出師準備関連軍令部主催の図上演習が行なわれた。Oil Embargoをやられたら四〜五ヵ月以内に南方武力行使を行なわなければオイルの関係上、戦争遂行が出来なくなるということであった。これが海軍の定説となった（『大東亜戦争の実相』）。

（d）昭和十一（一九三六）年の第三次改訂

満州事変の結果、陸軍にとって軍事的環境は一変した。満州の長大な国境線でソ連・中国・ソ連同盟国モンゴルと対峙することになった。ソ連は深刻な危機感を抱いたし、陸軍には準備がなかった（『陸軍参謀本部』大江志乃夫）。

昭和十年、参謀本部から軍令部に申し込みがあって討議が行なわれた。満州の対ソ軍備増強、北方重視、対米和協の参謀本部提案に対して、軍令部は北守南進を以て答えた。軍令部はすでにワシントン条約・ロンドン条約を廃棄して、対米自由建艦競争の方針を立てていたからである。

「ようやく昭和十一年六月三日天皇の裁可を得て、第三次改訂の国防方針が決まった。仮想敵国は米・ソ連、併せて支那・英国に備う。海軍は主力艦一二隻、航空母艦一〇隻、巡洋艦二八隻を基幹とし、常備基地航空兵力六五隊を整備することとした。この計画の中に当時③計画といわれていた……戦艦大和、武蔵建造が含まれていた。陸軍軍備はソ連の極東に使用し得る兵力に対抗するを目途とし、特に開戦初頭一撃を加え得る如く充実す」（『日本海軍と

太平洋戦争』工藤美知尋）

このように明治四十（一九〇七）年以来、陸海軍間のそれぞれの国防計画はあったが、概《おおむ》ね南北併進、国として統合した国防方針はなかった。歳出総額中に占める軍事費の割合は、明治三十九年五二パーセント、明治四十年三〇パーセント、大正九年五八・四パーセント、大正十四年二九・四パーセント、昭和十一年四七・二パーセント、昭和十五年七二・五パーセントという高率であった。

その二　満州国の独立

平成十八（二〇〇六）年七月五日、北鮮が日本海に七発のミサイルを打ち込んだときに、テレビに登場した麻生外務大臣がこういった。

昭和七（一九三二）年、満州が支那から分離独立した。日本がこの満州国を承認したら、諸列強が怒って日本を国際連盟から追放するだろうといわれていたのに、そのときに日本がこれを承認した。ミサイル発射をすべきでないと、周囲の国がいっせいに警報をだしているのに、北鮮は七発も発射した。かっての日本は国際的に孤立した。情況はそっくりだ……と。

昭和六年十二月三日、日本政府（若槻内閣）は、純軍事行動以外の満州問題の審議並びに実施に当たる機関として、総理大臣の監督下に満州事務委員会を設立することを企図していたが、関東軍が反対した。関東軍は日本政府及び軍中央部の監督の外に立って、自己の構想に基づいて支配を試みようとしていた。昭和七年一月二十七日には、幕僚会議を開いて満州各省首席との交渉が開始されたが、結果、宣統帝を国家の元首とすること、新国家の国号は満州国と規定、さらに中国政府からの分離独立を宣言させた。

「犬養内閣は昭和六年十二月十三日に成立した。犬養は満州事変を軍部の希望する条件通りに収拾する意志は毛頭なかった。天皇は犬養に組閣を命ずるに当たり、あらかじめ西園寺に対して新首相が事態の重要性を充分に認識するように要請した。その重要性とは〝軍部の不統制〟並びに〝横暴〟であった。新外務大臣芳沢謙吉は石原莞爾参謀と会談して、満州国を建設することが日本にとって如何に不利な国際的反響を呼び起こすかについて警告し、満州国の独立を延期するよう要請した」（『満州事変と政策の形成過程』緒方貞子）

しかしながら明治憲法下、総理大臣の立場が弱いだけでなく、環境は関東軍に有利に展開、輿論もメディアも一斉に強く満州国の独立と、日本による承認をはやし立てたし、諸列強は世界恐慌対策に大童だった。各地区委員会は独立を宣言、二月二十九日、奉天で全国大会が開かれ、三月一日、満州国は建国宣言を行なった。

「犬養内閣は、しかし満州国の法的承認を延期し続ける方針をとった。この当時のリットン報告書が明らかにしたように、日本が満州に対する中国の主権さえ正式に認めれば、世界各国もまだ日本の満州支配を許容する意図を有していたのであるから、犬養内閣が対外的に得たその小康状態を利用して、対内的に軍部の強硬派を抑えることに成功すれば、満州事変を円満に終結させる可能性は僅かながら残っていたのである。

なお『統帥権独立』の下に、軍部が文官政府の権威を無視し得た日本の政治構造の状況と、特に当時の満州の鍵が軍部の統制にかかっていたことを考え合わせるならば、あの時点において天皇に干渉を許さなかった〈西園寺らの意見〉ことは、実際には軍部に対抗し得る唯一の政治的権威を無力にすることを意味していた」（『満州事変と政策の形成過程』緒方貞子）やんぬる哉《かな》。昭和七年五月十五日、独立承認を延期して闘っている犬養首相が海軍士官の凶弾に斃れた。もはや政党には政権担当の資格と能力がないと判断した西園寺は、斎藤実海軍大将を次期総理に推した。九月十五日、日満議定書が調印されて、日本は正式に満州国を承認するに至った。英・仏・リットンとも承認を差し控えるよう進言していたし、米は真っ向から承認できぬと宣言していた。

国際連盟としては、満州国は中国の主権の下に自治政府たるべきこと、日本軍は鉄道付属地外から撤退すること、国際連盟メンバーはいずれも満州国を承認せざることを提案して四二対一（シャム）の票決により可決され、日本は連盟を脱退することになった。この満州国問題によって、日本は完全に国際的孤児となった。そして本件を以てアングロサクソンとは決定的に敵対関係に陥った。

五ヵ年計画に励んでいたソ連は、脅威を感じて一九二六年から一九三三年にわたって、日本に対して不可侵条約をオファーすること一四度に及んだが、このころ荒木陸軍大臣は、ソ連と結ぶと軍事予算を削減されることが予想されるとして、条約締結を拒否した（『政治と軍事の外交史的究察』神川彦松）。

満州国問題は、立ち上がりから政府及び陸軍中央部と関東軍の間に意見の相違があった。

その相違の根幹は、この満州に中国の主権を認めるか否かであった。関東軍は謀略も使って一路中国から分離した独立の満州国を建設して、日本政府にこれを承認させた。

「ウイリアム一世とビスマルクが存在したプロイセン制度を導入したのに大正以降、我が国には、ウイリアム一世もビスマルクも居やしない。総理大臣も参謀総長も関東軍を統制できなかった。明治憲法は欠陥憲法であった」（『明治憲法論』藤田嗣雄）。

「謀略により機会を作成し、軍部主動となり、国家を強引する」（『満州問題私見』石原莞爾）

司馬遼太郎曰く「統帥権と云う無限の権能をふりまわし、国家を破滅に追い込んだ参謀どもが跳梁した昭和前期の十数年は日本ではない」。この満州独立問題は、歴史の大きな流れの分岐点であったと思う。

その３　海軍軍縮問題（ワシントン条約・ロンドン条約）

（ａ）ワシントン軍縮会議

大正十一～十二（一九二二～一九二三）年のワシントン軍縮会議は、補助艦艇に関する協定は先送りされたが、向こう一〇年間、主力艦（戦艦）建造が禁止され、米・英・日の保有比率が五・五・三と決まり、加藤友三郎海軍大臣の「対米不戦」の信念とリーダーシップにより妥結した。対米七割を主張して来た日本海軍軍令部に不満が燻《くすぶ》ることになった。

大正十一年末から十二年頃の軍令部陣容は、部長山下源太郎大将、次長加藤寛治中将、第一班長末次信正少将、第二課長高橋三吉大佐であった。昭和六（一九三一）年、閑院宮の参謀総長就任にならって、海軍は昭和七年二月、伏見宮博恭王が軍令部総長に就任した。

（b）ロンドン海軍軍縮会議

昭和五年一月二十一日～四月二十二日、ロンドンで補助艦軍縮会議が開かれ、日本は補助艦全体として対米七割、大型巡洋艦七割、潜水艦は現有兵力維持の三点を交渉の基本方針としていた。紆余曲折の末、代表は三月十四日、妥協案として補助艦合計トン数では、対米六九・七五パーセント、大型巡洋艦六割、軽巡及び駆逐艦はそれぞれ七割、潜水艦は対等の請訓案を発出した。

海軍大臣財部彪大将は、全権の一人としてロンドンに在り、内地では浜口雄幸首相が海軍大臣事務管理となっていた。浜口首相は海軍首脳部と討議の上、閣議を開いてこの最終妥協案を承認し、四月一日、天皇の裁可を得て、在ロンドン全権に受諾を回訓した。にもかかわらず加藤軍令部長がこれでは国防の安全を保し得ないと反論、三月三十一日、帷幄《いあく》上奏を申し入れたが、鈴木貫太郎侍従長が阻止した。上奏は四月二日に延期された。

「加藤は海相がロンドンから帰った直後の六月十日に、再び帷上奏の形式を踏んで辞表を提出、公然と条約反対を主張したが、昭和天皇は動じなかった」（『統帥権の独立と帝国陸海軍の時代』秦郁彦）

同五年四月二十五日、政友会の犬養毅と鳩山一郎は、衆議院で同条約は国防上の欠陥があり、統帥権の干犯だと攻撃して遂に政争の具に供された（『魔の声、統帥権干犯』『大海軍を想う』伊藤正徳）。

考えてみれば、統帥権は天皇のみに帰属する大権であり、その天皇がこの兵力で良いと裁可したのだから「干犯」はあり得ないはずである。にもかかわらず、第一次ロンドン会議に関連した海軍首脳陣が反対派と承認派に割れて、それぞれ第一線を退くことになり、かけがえのない貴重な人材を失った。さらに昭和五（一九三〇）年十一月十四日、浜口首相が本件に絡んだ右翼テロに狙撃されて、翌六年八月死亡した。昭和動乱の始まりだといわれている。

（c）第二次ロンドン軍縮会議

前述のワシントン会議、その補完たるロンドン会議において、米・英・日の主力艦、補助艦艇総トン数を五・五・三の比率として拘束することが決まった。この協定の第二三条に協定は昭和十一（一九三六）年十二月末日を以て満期を迎えることになっていた。そこで昭和十二年以降の軍縮を討議するために手配された昭和十年、於ロンドン海軍軍備制限会議（大角海軍大臣の用語）に臨む日本海軍の対策は、昭和九年六月に固まった。

その案の骨子は五・五・三の比率を廃棄して、白紙に戻してパリティーを実現せんとするものであった。これを達成するためにはワシントン条約の五・五・三を基礎において議論することは不利と考えられるから、なるべく速やかにワシントン条約の廃棄を通告したいとするものであった。外務省はこの廃棄通告は、締約国に異常の衝動を与えて外交上良策ならずとした。なお昭和九年七月八日、斎藤実内閣に代わる岡田啓介内閣成立の背景には、加藤寛治軍事参議官を中心とする軍令部強硬派を制することを期待する宮中の意向が働いていた。

しかしながら、「八月末、遂に岡田首相と広田外相が屈した」（『日本海軍と太平洋戦争』工藤

美知尋）
方針の骨子としては、
一、ワシントン条約、ロンドン条約の帝国に及ぼした害毒の深刻さは、海軍の不統制、五・一五事件等を見れば明らかなり。
二、五・五・三の如き比率を拘束する条約を破棄して、パリティーを主張する。これを国防自主権と称する。具体的には現存条約を廃棄して、無条約・無拘束を最上とする。次善の策としては、各国共通の最高限度を定めて、その範囲内で自由軍備を認める。
三、主力艦、航空母艦の全廃を主張する。
四、ワシントン条約廃棄を本年（昭和九年）中に通告する。
昭和九（一九三四）年十二月二十九日、日本政府は天皇の裁可を得て、ワシントン条約の廃棄を通告した。予備交渉はこの年九年十月二十三日、翌二十四日、日英、日米会談が行なわれた。

米国は日本案に真っ向から反対して、十二月二十日、予備交渉は休会となった。本会議は翌十年十二月九日開催、討議が重ねられて次の年十一年一月十五日、永野全権が日本案について最終的説明を行なったが、英米の容れる処とならず、永野全権は会議脱退の通告文を交付することにした。かくて軍縮時代は昭和十一年末を以て幕を閉じ、太平洋無条約時代を迎えることになった。

ロンドン軍縮会議は、海軍が分裂して有為の人材を多く失ったという悲劇の面も大きかったが、同時に昭和十年の、いわゆる軍備制限会議において、爆弾提案をぶっつけて会議を脱退したことが、いかに米英に対する強烈な挑戦であったかを銘記されねばならぬ。しかも国際連盟脱退から二年である。何の成算があって昭和十一年末から、建艦自由競争に突入することを決意したのか理解に苦しむ。

その四　支那事変における戦争指導

堀場一雄は陸士三四期、陸大卒、昭和十二（一九三七）年より十四年まで、大本営戦争指導課、また十四年より十六年まで、支那派遣軍総司令部にあって、終始、支那事変の枢機に参画した。種村佐孝は陸士三七期、陸大卒、昭和十四年、堀場のあと、大本営戦争指導課にあって、また支那事変作戦の中枢にあった。

堀場は、『支那事変戦争指導史』なる慨の記録を残している。我が軍の大欠陥は、「国家全般の戦争指導の主体が確立されず、強力な機能を発揮し得ざりしに存す。政戦略一本、陸海一致の機構は遂に組織することを得ず、（中略）政府は多く傍観者的態度を持し、海軍は便乗主義盛んにして、自家の権益就中《とりわけ》南進的傾向顕著なり。陸軍省は政府と等しく打算の傾向に走った。参謀本部戦争指導当局は、自ら進んで国家全局の総合企画に当たった」。したがって支那事変戦争指導の主体は、参謀本部（大本営）戦争指導当局なり。つまり用兵のみならず、戦争指導を参謀本部がやったといっている。

種村佐孝もその著『大本営機密日誌』の中で、戦争指導については太平洋戦争前後を通じて、内閣総理大臣と統帥の補翼者たる軍令部総長及び参謀総長の三者鼎立の形で行なわれて、統一を欠いていたという。しかも行政の首班たる総理大臣は、内閣を自己の意志で決定的に統裁できず、閣僚は全員一致制の建前になっており、統帥に関してほとんど嘴《くちばし》を入れることが出来なかった。最高指導者のなかったことに関連して、統帥部の独立と陸海軍の対立とは、戦争指導を困難にした最大の原因であったといっている。

かような環境にあったから、国際問題については、外交交渉に軍部の発言力が非常に強かった。堀場は政府は傍観者的であったというが、このころ広田外相は、「外交の相手は軍部である」といっている。

私は堀場・種村両参謀のあげた欠陥に加えて指摘したい重大な欠陥があると思う。それは情報蒐集《しゅうしゅう》力の弱さである。九ヵ国条約締結から支那事変時代にかけて、支那大陸で日本軍が闘っていた真の敵は、支那軍の背後にいたスターリンとフランクリン・ルーズベルト（FDR）であった。

「張作霖を殺したのはスターリンの命令であったし、蘆溝橋で発砲したのは、劉少奇麾下の中国共産党であって、スターリンのまさに指揮下にあった。続いて起こった第二次上海事変は、スターリンからスパイ張治中将軍に宛てた命令で引き起こされた」（『マオ、誰も知らなかった毛沢東』ユン・チャン及びジョン・ハリデイ、二〇〇五年発刊）。FDRは蒋介石が日本と停戦協定を結ばないことを条件にして、多額の借款を与えた。スターリンもFDRも、日本軍を支那大陸の底知れぬ泥沼にひきずり込むことを戦略としていた。

もし我にして確たる戦争指導機構があって、その情報局が全組織の英知をあげて米・ソ・中の情報を集めていたら、支那軍の背後の動きの臭いぐらいはかならず掴めたと思う。その上で思慮を共にして国を動かしていたら、駐支独大使トラウトマン仲介には迅速果敢に反応して、さっさと撤兵したと思う。共産軍と戦うべき蔣介石を「相手とせず」などとたわけたことはいわなかったと思う。さらに南京城外で兵を止めて、喜んで話し合いを行なったと思う（按兵不動）。日本は情報戦に弱く、外交下手だとよくいわれるが、構造的な欠陥ではなかったかと思う。

むすび

満州事変、大東亜戦争時代、いわゆる Aggressive War（先制攻撃）や俗にいう侵略戦争を行なったとは思わない。

自存自衛、受動の Defensive war（自衛戦争）に追い込まれて戦ったのであったが、しかし、何故われわれの時代に国を焦土と化し、占領軍の戦争裁判にかけられ、戦後七年間も占領軍の Mind control（思想的洗脳）を受けるが如き惨たる結果を招くことになったのか、兵は国の大事にして、死生の地、存亡の道という。

戦史を手繰ると、史家は多くの要因をあげる。テロが政戦略に与えた恐怖は大きかった。軍部大臣現役武官制度は我が国独特の弊か、参謀総長と軍令部総長に皇族就任の弊は大きかった。暗号を一方的に解読されては、戦略は無きに等しい。しかしながら一本の太い赤い糸は、司馬遼太郎の挙げる統帥権の独立という糸であったと思う。
国家の最高指導機関もなく、兵の統帥と、国際国内政治を指揮する行政が並列した明治憲法下の組織の弱点は、以上長々とその一端を申し述べた通りである。日本人がこれだけ悲惨な経験を再度繰り返さないために、さらに分析をしっかり進めて、後世に教訓を汲みとってほしいと思う。

（「海軍兵学校第70期会会誌」再刊第33号・平成十九年九月十五日）

第一段作戦（南方攻略作戦）と巡洋艦「妙高」

本日は『第一段作戦（南方攻略作戦）と巡洋艦「妙高」』という題で、「妙高」に乗っておりました兵学校卒業し立ての少尉候補生が経験した第一段作戦の報告をしたいと思います。まず開戦劈頭《へきとう》の聯合艦隊の艦隊配備から話に入りたいと思います。

開戦劈頭、部隊は大きく三つに分かれておりまして、まず機動部隊。ハワイの敵太平洋艦隊を無力化させて、同時に南方資源地帯を確保する、という任務でございまして、母艦六隻に「比叡」「霧島」「利根」「筑摩」と、みな航続距離の長い艦が選ばれておりまして、それに第一水雷戦隊「阿武隈」、駆逐艦九隻。潜水艦三隻が前路哨戒に選ばれておりますが、「イ19」「イ21」「イ23」というのは水上速力二三ノットの優秀潜水艦でございました。それにタンカー八隻。合計三一隻という兵力です。

そのつぎに全潜水艦部隊を先遣部隊と称しまして、機動部隊・南雲長官の直接指揮下に入れました。ハワイから出てくる米艦隊を攻撃するという任務を持っておりまして、この中に特殊潜航艇五隻を積んでおりました「イ16」「イ18」「イ20」「イ22」「イ24」の五隻が含まれておりました。この潜水艦部隊は、単冠《ヒトカップ》に行かないで各母港から直接ハワイに向けて航海をいたしました。

三番目は南方部隊。これに私が乗っておりました巡洋艦「妙高」が入るわけですが、南方部隊につきましては、柱島に残っております戦艦部隊と南洋部隊と称します六戦隊、それにハワイ部隊を除きます全水上艦艇が南方部隊に入っておりまして、大きく分けますと台湾からフィリピンに行く部隊とマレーに向かいます部隊とに大きく分かれておりました。

しかし、注目すべきは、基地航空部隊が南方部隊の中に入っておりまして、四航戦、十一航戦、十二航戦、二十二航戦、基地航空部隊がこの中に入っております。そして、比島とマレーを攻略しました後は全兵力を挙げてジャワ島を攻略し、南方資源を獲得するというのが陸軍と緊密に打ち合わせていた事項でございます。

五八期の千早正隆さん（先月亡くなられた）の解説を借りますと、この南方部隊の根本的な考え方は、当時世界に誇っておりました我がゼロ戦と一式陸攻と九六式陸攻の攻撃距離が九〇〇キロ、五〇〇マイルございまして、この長い薙刀の距離の中で、まず敵の航空基地、航空部隊を叩く。敵の航空基地を叩いたらそこへ陸軍が上陸する。上陸したところへ航空部隊を進出させて、息継ぐ間もなくつぎの攻撃距離に入る。

いわばホップ　ステップ　アンド　ジャンプの三段跳びで南方資源地帯を抑える、というのが考え方でございまして、最後の目標はインドネシアの油だということでございました。

地図の上で台湾からの大雑把な距離を測りますと一五〇〇マイルでジャワに届きます。この一五〇〇マイルを五〇〇マイルずつ三段跳びをやると届くという考え方でございます。

ところで、私たち七〇期は昭和十六年十一月十五日に兵学校を卒業いたしまして、練習艦隊も拝謁もなしに直ちに聯合艦隊各艦に配属になったわけでございますが、十一月十五日というのは、ハワイ攻撃部隊が単冠を出たのが二十六日でございますから、一一日しかなかったわけでございまして、着任のスケジュールは相当忙しうございました。

江田内から出ます戦艦「榛名」に乗って柱島の泊地に着任する者、練習艦の「阿多田」に乗って呉に行きまして、そこの在泊艦及び陸路横須賀と佐世保に行って各艦船に乗った者に分かれますが、何しろ機動部隊に乗った候補生が七九名いたのですから、相当忙しうございました。私は柱島泊地で巡洋艦「妙高」に乗りまして、さっそく「水雷士」の配置を戴きました。

一等巡洋艦「妙高」は、一九二二年に締結されましたワシントン条約の後で、いわゆる条約型巡洋艦のナンバー・ワンとして昭和四年に竣工しました二〇サンチ一〇門、最高速力三五・五ノット、魚雷発射管四連装四基を持っておりまして、九三式魚雷を装備しておりました。昭和十五年に改装いたしまして、四連装四基になっております。

「妙高」「足柄」「那智」「羽黒」と語呂よく呼ばれていましたこの四艦で第五戦隊を形成しまして、その中の旗艦を勤めておりましたが、昭和十六年十一月十五日の時点では「足柄」は高雄方面にいてすでに三艦隊長官の旗艦を勤めておりましたので五戦隊から外れておりましたのと、遠いところにおりましたので、候補生は一人も配乗になっておりません。「妙高」を旗艦といたします第五戦隊は南方部隊のうちのフィリピン部隊となっておりまして、十一月二十六日に柱島水道を出て関門を通って玄海灘に出て、十二月二日にパラオに入港しております。パラオがフィリピンを攻撃する水上艦艇部隊の待機場所になっていたわけでございます。私は玄海灘に入りました途端に酔っ払いまして、しばらく使い物になりませんでした。やはり練習艦隊を経ないと、若い士官というのは駄目だと痛感した次第でございます。

パラオを六日に出撃いたしまして、四水戦、二水戦一緒でフィリピン上陸作戦の支援に出かけました。十二月二日に「ニイタカヤマノボレ」の電報をもらいまして、八日に始まったわけでございますが、八、九、一〇と僅か三日の間に大変大きな戦果が三つ上がりました。言うまでもなく一つはハワイ空襲で、予想外に完膚なきまでに太平洋艦隊を叩きまして、二隻の航空母艦を逃がしましたが、大変な戦果が上がりましたので、アメリカ国内では「これはどうもおかしい。ルーズベルトに何か謀略があるのではないか。キンメルとショート大将が責任者だといわれているけれども、スケープ・ゴートではないのか」という声が上がりまして、政府主導の調査会、査問会が連続開かれ、合計八つの調査会が開かれました。

同時にこの調査会が提供いたしましたデータを使って、大変に沢山の「パール・ハーバーもの」の本が出ました。汗牛充棟と申しますが、本当に本棚に入りきれないほどの本が出まして、私たちが戦後眼にするだけでも九つの大作が出ております。

もう一つの大きい戦果はフィリピンの爆撃でございまして、台湾から出ました基地航空部隊とこれを護衛するゼロ戦が、クラーク・フィールドとイバの基地を徹底的に叩きました。こちらが出ようとしたら、霧がかかっていたので出発が遅れたのですけれども、この基地におりましたアメリカの航空部隊は、ハワイの情報を聞いて直ぐ直掩に飛び上がった。ところが、なかなか日本の空襲部隊がこないから、油が切れそうになって下りたところを攻撃された、といわれております。このお蔭でマッカーサーが「これでフィリピンは防衛できる」といって、陸軍長官のスチムソン、参謀総長のマーシャルを語らって集めましたB-17が全部地上で炎上したわけでございます。これは大変な戦果でございました。

それともう一つ、「プリンス・オブ・ウェールス」と「レパルス」を海底に葬りました。十日までの三日間にこれだけ航空部隊が威力を発揮してくれましたから、「妙高」をはじめといたします水上艦艇部隊は、フィリピン攻撃の場合に完全といってもいいほどの制空権下に、しかも敵主力艦の脅威を全然感じることなく兵を進めたわけでございます。「妙高」以下の五戦隊、「神通」の二水戦、「那珂」の四水戦が船団を防衛いたしまして上陸を支援いたしましたのがレガスピー。

これはルソン島の航空基地でございます。これとミンダナオ島のダバオ、ミンダナオ島とボルネオ島の間にありますホロ島、ルソン島の西海岸のリンガエン湾、東海岸のラモン湾への上陸部隊を支援いたしまして、ことごとく成功したわけでございます。リンガエンから揚がった陸軍部隊とラモン湾から揚がった陸軍部隊とが脱兎のごとく南に下がりましたから、

「あっ」というまに一月二日にマニラが陥落いたしました。

このようにしてルソン島とミンダナオの要地を攻略しました後、フィリピンの上陸を支援いたしました部隊の大部分が十二月下旬からダバオに進出いたしまして、蘭領インドの島々を攻略する準備をいたしました。フィリピンを攻略いたしましたけれども、バターン半島だけはご承知のように残りまして、これが五月七日まで掛かったわけでございますけれども、バターン半島の攻略が遅れたからといって、南方攻略の進撃のスピードにはいささかも影響を及ぼしませんでした。

このようにして、フィリピン部隊はそのつぎの蘭印攻略――具体的にはボルネオ島、セレベス島、その東のアンボン島が大きなエリアでございますが、この蘭印の島々を攻撃いたしますために集結いたしました蘭印部隊が、ダバオの広い湾の中の入江にマララグ湾というのがございますが、このマララグ湾に錨泊いたしました。兵力は五戦隊の「妙高」「那智」「羽黒」「神通」の二水戦、「那珂」の四水戦、それに駆逐艦一四隻。それと、忘れてならないのは航空部隊の十一航戦。これは高雄や台南空の部隊でありますが、これが含まれております。

この蘭印部隊が暮れから正月にかけてマララグ湾に停泊していたわけです。ここで「妙高」が爆撃を食らうわけです。

一月四日にわれわれは昼飯時にガンルームに集まって昼飯を食っておりました。当日の昼飯は忘れもせぬカレーライスでございましたが、これを食い終わりそうな頃に「配置に付け」という嫌なブザーが鳴りました。「ピービービー」という音が艦内に響きわたりましたので、私はすぐカレーライスをやめて右舷に出て、水雷士の戦闘配置は艦橋でございますので、ブリッジの後のラッタルに駆け付けました。

その瞬間、ズシンという全艦を震わせるような振動を感じましたが、そのまま艦橋に出ました。艦橋に出てみたら山澄貞次郎という、侍従武官をやった端正な大佐の艦長でございました。この艦長が羅針盤の側に立っておられましたが、すぐに窓のところから下を覗《のぞ》かれたのです。その側で見ていたのですが、そのときの艦長の驚かれた顔を長いこと忘れられませんでした。

私も覗いてみたら、二番砲塔の左に爆弾が当たったらしい穴が開いていて、そこから煙が出ている。血が川のように流れているし、死体がゴロゴロしているという姿でございまして、大変な惨状でございました。

当日の空模様は綿雲が多くて青空が少なかった。まだ対空レーダーがありませんから見張りしかありませんが、見張りには不利な空模様でございましたから、「配置に付け」の号令が遅れて、一、二、三番砲塔とブリッジの周りの機銃の砲員が配置に付くためにハッチから出てきて、前甲板を走っているところをやられたから、特に人員の殺傷が多かったのだろうと思います。大変な惨状でございました。

艦長はすぐに「弾火薬庫に注水」の号令をかけましたが、第二波、第三波のB-17の襲撃はなさそうなので、元の第二警戒配備に落としたわけでございます。この話を皆さんに話すについて、「配置に付け」を元に戻すときに何という号令をかけたのかと思ったら、四年間しょっちゅう掛けたり掛けられたりした号令なのに出てこないものですから人に聞いたのです。どうも「戦闘配置用具収め」といったように思います。皆さん、覚えておられませんか。

とにかく「用具収め」の号令がかかりましたので、ブリッジの戦闘配置から私は上甲板に降りました。普通だったら水雷甲板に行って部下の顔を見て、「お前たち、異常はないか」ないしはガン・ムルームへ戻って、「クラスメートはどうだったか」というところだと思うのですが、よせばよいのに前甲板の被害を受けた現場を見に行ったのです。

すると、そこは修羅場でございました。死体を運んでいる、負傷者を運んでいる、血はどんどん流れている。そういう場合の応急配置の指揮をするのは副長の役目でございまして、竹下中佐という、上海陸戦隊の隊長をやっていた副長なんです。この人に見つかりまして、「三浦候補生、ちょっとこっちに来い。戦死者の数を調べなさい」という命令をもらったのです。

私も戦死者の様子を見たのは初めてでございますし、これまで第一段作戦で駆逐艦には損害が出ておりますけれども、巡洋艦以上でこのような損害を受けたのは初めてです。皆、日本海海戦以来、水上戦闘はしていないわけです。

皆が初陣で戦死者を初めて見たわけですから、頭が真っ白になっているところへ、「戦死者の数を調べろ」といわれましたから、「はて」と思って頭に浮かびましたのは、「戦時死体収容所」という部屋が決められております。これが士官浴室でありましたのを思い出したのです。これを思い出しただけでも立派だと思うのですが、中甲板に下りまして、その死体収容所の士官浴室に行ったのです。

後で考えてみると、そこに死体が横たわっていて、それを数えれば戦死者の数が出ると思ったのかもしれないのですが、あに図らんや、そこにありましたものは首だとか手だとか脚だとか、要するに人体のパーツであります。それが積み上げられておりまして、血がだーっと流れているのを見て、「これはいかん。これでは数えようがない。しかし、副長が戦死者の数を数えろというから」と思って思いつきましたのは、浴室の下に並べたら何人並ぶか。見上げるほど脚や首が積んであるのですが、これを重ねたら何層積み上がるか。六重ねか、という感じでございましたので、五×六＝三〇だ、と。それくらいしか頭が働かないわけでして。

さて、上甲板に帰ってきて竹下副長に、「副長。戦死者は約三〇名であります」といったのです。すると、この副長が顔を真っ赤にして眼を剥いて怒鳴りました。それは今でも覚えておりますが、「天皇陛下の赤子が戦死したというのに、約とは何だ」というわけですね。「そんなことを言われますが、副長、手や脚や首がバラバラでありまして数えられませんから、五×六というしか方法がありません」といったら、副長はますます怒りまして、「何ということを言うんだ。そんなにバラバラならば人体を再構成しろ。もう一回再構成して数え直してこい。約、とは何だ」というから、ずいぶん無理な話だと思いましたが、上官の命令は天皇陛下の命令だから、中甲板に下りてもう一度、死体収容所に行って眺めたのですが、ゴチャゴチャになって出来そうにない。

しかも、爆弾が当たった途端に吹き飛んでしまった脚や首や人体もあるから、再構成しようとしても、その多くが吹き飛んでいるのではないか、というところまでやっと思いつきましたら、拡声器で号令がかかりまして、「当直将校より。各分隊、現在員数を調べてただちに報告」と。やっぱりそうか。そうするしかないな。在るべき人数から現在生きている人数を引けば戦死者の数が出るだろう、と思ったのですが、考えてみると当直将校もこの号令を掛けるまで、ずいぶん時間がかかっているのです。

その号令がかかりましたから、副長のところに戻るのは止めたのです。副長のところに行って、「あなたはそんなことを言っているけど、やはり当直将校のようにやるしか調べようはありませんよ」と余計なことを言うと、ますます叱られるから帰らなかったのですけれども、後で出ました記録によりますと、当日の「妙高」の戦死者三五名、負傷者八〇名で、われわれのクラスの候補生では山崎大十候補生が戦死し、ほかに負傷者が二名出ました。五戦隊司令部は、さっそく将旗を「那智」に移しました。「妙高」は一、二、三番砲塔が使用不能になりまして、相当な被害を蒙《こうむ》りまして、すぐに母港の佐世保に帰って修繕を要する、ということになりました。そこで「妙高」は四日夕方、静かにマララグ湾で錨を揚げて佐世保に向かい、翌五日に水葬を行ないました。水葬の一番の先任は山崎少尉でございました。

佐世保まで五日かかりました。私が後で計算してみると、一四ノットしか出ておりません。弾火薬庫に水が入っておりましたし、外板がめくれておりますから、一四ノット出れば精一杯だったろうと思います。

こうして「妙高」は、四日にダバオを出まして九日に佐世保に着き、入渠しまして修繕に四〇日掛かり、二月二十日に終わりました。終わった途端にまっしぐらに南に走りまして、二月二十六日にセレベス島の南端、マカッサルに入港し、そこで待っていた蘭印地方の旗艦「足柄」と、これに随伴しております駆逐艦「電」「曙」に合流いたしました。

「妙高」は五三日間、戦線から欠席したわけでございます。とにかく早く蘭印地方の油を押さえませんと、アメリカはオランダに「油田を爆破しろ」と盛んにけしかけていた記録が残っておりますから、早く抑えないと爆破される怖れもあるわけで、進撃には非常にスピードを要したと思います。

だから、残りの部隊は一目散に蘭印を攻略したわけでございますが、この一月四日に欠席して二月二十六日に戻ってくるまでに、この蘭印部隊の五戦隊以下がどれだけ進撃したかというのを見てみますと、四水戦（旗艦「那珂」）が上陸部隊を護衛して真っ先に落としましたのが油田のタラカン。一月七日～十四日です。つぎがセレベス島のメナド。ここで海軍の落下傘部隊が下りて上陸部隊と合流するわけですが、そのつぎが大事な油田のバリックパパン。ここへ四水戦が護衛して、一月二十一日～二十三日、輸送船一一隻で上陸しましたが、向こうも水上部隊が夜襲をかけてきまして、輸送船が四隻沈んでおります。第一段作戦の唯一の黒星だといわれております。しかもバリックパパンの油田は、相当に痛め付けられていたといわれております。

『海軍燃料史』という膨大な本が出ております。これを見ますと、油田をせっかく占領しても、爆破されてしまうと、当分戦争目標を失うわけでございますから、この方面の技術の方が作業隊を作りまして、陸軍部隊の上陸と同時に上陸して石油施設を押さえた、という記事が出ております。だから、タラカンもバリックパパンもそういう方が大変に苦労されたはずですが、バリックパパンは一月二十五日に占領を完了しております。そのつぎがセレベス島の東南端にあるケンダリー。後々ずいぶん活躍した航空基地ですが、ここを攻略しました。それからセレベス島の東にありますアンボン島。後に陸軍大臣をやられた阿南大将が司令官でここにおられたはずです。

それから注目すべきは、ハワイから帰ってきました機動部隊が十二月二十三日に内地に帰ってきて、一息入れてラボウルを占領したときに支援活動に出かけましたあと、二月十五日にパラオに出てきまして、二月十九日に豪州のポートダーウィンの北二〇〇マイルのところに進出して、艦上機で猛烈にポートダーウィンを爆撃いたしました。同時に、さきに占領したばかりのアンボンから九六式、一式陸攻が飛び出して、完膚なきまでにポートダーウィンを空襲して壊滅的打撃を与えましたから、ジャワ攻略作戦のときには豪州からは出てくる航空機がいなかったはずでございます。余勢を駆ってチモールを占領したのが二十一日。チモールはジャワ島の東です。

こうやってみますと、巡洋艦「妙高」がマカッサルに二月二十六日に着きましたときに、二月十五日に西のシンガポールは陥ちております。一番大きな油田のスマトラ島のパレンバンは二月十五日に七戦隊、三水戦「川内」が上陸部隊を支援して占領してしまった。ボルネオは陥ちておりますし、セレベスは陥ち、アンボンも陥ち、チモールも陥ちて、ジャワ島独り孤立しているという状態で、巡洋艦「妙高」は戦線に復帰した次第でございまして、大変大事なところは欠席しているわけです。こういうことになりますが、最後の終着点がジャワ攻略作戦ということになりました。

　このジャワ攻略作戦を三月中に完了するというのが陸海軍の打ち合わせであったそうですが、二月の中、下旬に水上艦艇も基地航空部隊も、ジャワ島の攻略準備ができておりました。陸軍は有名な今村均中将指揮下の十六軍二個師団でありまして、一個師団をジャワ島の西方のバタビアに上陸させ、もう一つの師団をスラバヤの西にありますクラガンに上陸させるということで、海軍の作戦掩護部隊は東の方が五戦隊、二水戦、四水戦と基地航空部隊。西の方が七戦隊が主力で五水戦及び基地航空部隊、さらに東西両部隊に加えてジャワ南方機動作戦部隊というのがありまして、ハワイから帰ってきた機動部隊がジャワ島の南に待機しまして、ジャワ島攻略のときに逃げてくる部隊を殲滅《せんめつ》するという備えになっておりまして、上陸する陸軍部隊を乗せた輸送船が一〇〇隻。聯合艦隊が開戦から行ないました部隊の展開の中では最大のものでございました。

　二月二十五日には東部作戦部隊、西部作戦部隊ともジャワ海に入って南下しておりましたが、ここで巡洋艦「妙高」の艦内に妙なことが起こりました。というのは、水雷長が――確か少佐だったと思うのですが――五九期の海老原太郎という方でありまして、私は十一月着任以来三ヵ月半、この水雷長の指導を受けてきたわけです。この水雷長に海戦が始まろうというときに駆逐艦「文月」艦長の命令がきたのです。それで、艦長も困ったと思うのですが、とにかく「文月」によほど緊迫した事情があったのでしょう。水雷長がこの場面で「文月」に赴任してしまったのです。水雷長がいなくなってしまったのです。将棋で言えば飛車か角落ちであります。

こうして攻略部隊は南下を始め、二十七日の朝七時にはわれわれはクラガンに向けて進路一八〇度ということで南下を始めましたが、味方の航空機から「敵巡洋艦五隻、駆逐艦五隻。スラバヤ出航」という情報が入ったのです。当方は「那智」「羽黒」「那珂」「神通」、駆逐艦一三ということで、まあまあ似たような兵力であります。当時の敵艦隊の内容は巡洋艦デ・ロイテル（オランダ）、エクゼター（英国）、ヒューストン（米国）、パース（豪州）、ジャワ（オランダ）という寄せ集めの艦隊です。

記録によりますと、米国艦隊はフィリピンにいてハート大将が引率しておりましたが、フィリピンが陥ちましたからここへ逃げてきた。英国の方もマレーにおりました艦隊がここへ落ち延びてきたという連中の寄せ集めの部隊でありますが、二〇サンチを持っているのが二隻、一五・五サンチが三隻で、似たような勢力でございました。

ポール・ダルというアメリカの歴史家が書いた、実に詳細な合戦図込みの戦闘記録がありますし、われわれ七〇期の佐藤良一候補生が「那智」に乗っておりまして、これが艦橋で測的士をやっていて、戦後の記録を書いております。そこで、高木武雄司令官はこの報告を聞いて、「輸送船団はボルネオのバンジェルマシンにすぐ引き返せ。第二水戦、第四水雷戦隊は五戦隊に合流して所定の戦闘序列に就《つ》け」という指示を出しましたが、四〇数隻の輸送船団を抱えておりますから、非常に戦闘はしにくい。高木司令官は苦心の場面であったと思います。

　しばらくしますと、「那智」の艦橋で一四三〇にデ・ロイテルのマストを見つけたということでございまして、これは「第一次スラバヤ海戦」といわれておりますが、一〇時間近く砲雷戦をやっているんです。近づいたり離れたりしておりますけれども、こちらも大変な弾数や魚雷も撃っているのですけれども、なかなか当たらない。当時、「何やっているんだ。そんなに弾を撃って当たらないのか」と言わんばかりの軍令部の電報が来ておりました。ただ高木司令官としては刺し違えるほどの相手でもないし、こちらに損傷を受けて船団をやられたら戦闘目的を失うわけですから、非常に難しい場面であったと思います。

　午後になりまして、英国のエクゼターに弾が当たった。これで損傷を受けまして英国のエンカウンターと米国のポープの二隻の駆逐艦が付き添いましてスラバヤへ引き揚げたのです。それで、向こうは巡洋艦が四隻になって、一時、彼らもスラバヤへ引き揚げたかに見えましたが、深夜に至ってふたたび輸送船攻撃のために北上して夜戦の砲雷戦が行なわれました。佐藤君の手記によりますと、「二四〇〇近くに一〇〇〇〇メーターくらいにやっと近づいた。当日は晴天の暗夜で、向こうの巡洋艦が水平線上に影絵のように動いた」といっております。

　このときの我が方のスピードを知りたいところなのですが、一〇時間も戦闘をしておりますから、機関室が草臥《くたび》れ切って、缶《かま》の担当は倒れんばかりになっていると思いますから、全缶を焚く最大出力は出していないだろうと思うのです。この深夜に「那智」が八本、「羽黒」が四本の九三式魚雷を撃ちまして、これがデ・ロイテルとジャワに命中して、水平線上に四隻いた巡洋艦があっというまに二隻になってしまった、ということであります。ここでデ・ロイテルに乗っていたオランダのドールマン司令長官が戦死しました。

これで第一次スラバヤ沖海戦が終わるのですが、エクゼターとポープとエンカウンターがスラバヤに逃げ込んでおりますから、この残敵を何とかしなくてはいけないと思っていたところ、このエクゼターというのは健気な巡洋艦でございまして、二十七日午後にスラバヤに逃げ込んで、二十八日に戦死者を埋葬し、応急修理をし、油を補給して二十八日の晩に駆逐艦二隻を連れてまたスラバヤを出たのです。

陸上から受けた指示は「スンダ海峡を抜けてインド洋に出て、セイロン島のコロンボに逃げろ」という指示だったと、このアメリカの歴史家は言っております。二十八日夜にスラバヤを出たのはよかったけれども、当時われわれは水上偵察機を巡洋艦から盛んに飛ばしますから、三月一日になってこの日本機に見つかって逃走はなりませんでした。「那智」「羽黒」と「山風」「江風」がこの三隻を三〇〇〇〇メーターで発見したあと直ぐに針路を北東にとって、彼らがスラバヤへ逃げ込めないように退路を断ったのです。そこへ「妙高」と「足柄」が西の方から「曙」と「電」を連れて、三月一日の〇九四〇に到着しました。

ここから私はよく覚えています。「妙高」の艦橋は緊張しました。砲術の方は超ベテランの砲術長が座っているが、魚雷の方は指揮官に候補生しかいないのです。その候補生も昨年十一月に乗ったばかりで、三ヵ月半しか経っていなくて練習艦隊も経験していないのです。右方向水平線上にエクゼターを中心に、前後にエンカウンター、ポープの縦列で、両軍東を向いて同航体制で戦闘開始になったときの距離は、ポール・ダル氏の記録では一五〇〇〇メーターとあります。「足柄」「妙高」ともにまったくの初陣で、三四ノット、最大戦速で走っていました。それでいよいよ魚雷戦になりまして、候補生の指揮官が号令をかけました。それは型が決まっているわけでございます。「右、魚雷戦。同航。目標右九〇度。重巡エクゼター。距離一三、〇〇〇。敵速二二（ノット）。方位角左九〇度。第一雷速（九三式魚雷では五〇ノットで二〇〇〇〇メーター走る）」

ここまではいいのですが、敵が巡洋艦ですから、魚雷の深度は六メーターが常識なんです。「深度六メーター」と言おうと思いましたら、山澄艦長が、「水雷士。駆逐艦に当たってもいいように撃て」という命令を出したわけです。水雷士と艦長の距離はブリッジで近いですから、艦長の命令はすぐそのままこちらに聞こえるわけで、「深度四メーター」を指示して「足柄」の信号を合図に八本ずつ撃ったわけです。

この九三式魚雷というのは、帝国海軍が三種の神器として大事にしておりました魚雷でございまして、大変に高価なものであったと思うのですが、ドーンと一六本撃ったわけです。

そのうちに、ぱっと当たって轟沈といけばよかったのですが、撃った魚雷が跳び出したのです。空中に何本出たか覚えておりませんが、魚雷が水中から空中に跳び出したのです。直径が六一センチありまして長さ九メーター。銀色の綺麗な色をした魚雷が空中に跳び出したのです。そのときに思い出したのは、第四学年の水雷の試験のときに、「魚雷が跳び出したらどうなるか」という問題があったと思うのですが、空中でペラが空転しますからエンジンが焼損するわけです。エンジンが焼けてしまっておりますから、変な方向に走るわけです。「足柄」のベテランの水雷長の魚雷も、何本か跳び出したのです。

傍らにいた副長が、「候補生なんかに撃たせるのではなかった」というのが聞こえましたが、魚雷が跳び出して「あれっ」と思っているうちに二〇サンチの大砲が当たりまして、エクゼターのスピードがどんと落ちるのがよく判りました。〇九四〇に発見してからエクゼターは記録によりますと、一一三〇に沈没しましたし、前後に就いておりました駆逐艦も、それから三〇分も経たないうちに撃沈されてしまいました。

三種の神器は零戦と潜水艦とこの九三式魚雷でありました。この九三式魚雷は皇紀二五九三年(昭和九年)に試作品が出来て「九三式魚雷」と名づけて、昭和十一年に完成したのです。こちらの方は無気泡で走りますし、向こうの魚雷は、開戦当時よく覚えておりますが、泡を吹きながら走るのです。だから、全然威力が違いました。

そもそもアメリカの艦隊がやって来ましたときには、「オレンジ作戦」といわれておりますが、潜水艦と駆逐艦と巡洋艦が遠距離から九三式魚雷を撃ち込んで向こうの兵力を漸減させて、減った兵力と主力艦が対決するというのが帝国海軍が訓練してきましたパターンでございました。その三種の神器の九三式魚雷が空中に跳び出したのですから、軍令部は真っ青になって飛んできました。そして、査問を受けました。「何で四メーターに調節したか」というわけですね。

三四ノットで撃って、水に入ったときに頭を叩かれるわけですから、魚雷が水中で深度をステディにする前に乱れるわけでございまして、途中で飛び出してしまった。それから気になりまして、いろいろと旨《うま》くいった魚雷の話を聞くと、三四ノット、四メーターという記録は見たことがないのです。おそらく開戦前にこういう実験射撃はしたことがないのだろうと思います。その前の二七日の晩に「羽黒」がデ・ロイテルとジャワをやっつけたときも、おそらく最大戦速以下で対戦していたと思うのです。

ただそんなことをいっても仕方がない話で、話の結びといたしましては、これで第一段作戦はちょうど三月九日にその目的を達したわけです。開戦から三ヵ月。それで、軍令部や聯合艦隊が組んでおりました計画より一ヵ月早く目的を達しているのです。高木司令官が「我に損害なし」という電報を打たれたのを覚えておりますが、大変に成功裡であったわけですが、三浦候補生は意気消沈いたしまして、顔面蒼白でございました。顔面蒼白になったところで話を終わります。

（「講演」平成十七年三月十六日、於・交詢社ネービー会）

戦艦「大和」と共に

世に知られている戦艦「大和」を基幹とする水上特攻隊は、昭和二十年四月六日一五〇〇、三田尻泊地を抜錨、沖縄に向かった。戦艦「大和」、巡洋艦「矢矧《やはぎ》」、駆逐艦「冬月」「涼月」「磯風」「浜風」「雪風」「朝霜」「霞」「初霜」計一〇隻の陣容であった。この生き残った聯合艦隊水上部隊を以て、沖縄の米軍に特攻攻撃をかける出港であった。

私は、昭和十六年十一月に海軍兵学校を卒業（七〇期）して当時二二歳、駆逐艦「霞」乗組の先任将校・砲術長であった。三年半戦場でもまれた海軍大尉であった。

徳山で燃料を補給しながら、死出の旅に不要な艦内物件を陸揚げした。この時、先任下士官がやって来て、「先任将校、後甲板に積んである特級酒をどういたしますか」と私に聞いたと、同期の庄司水雷長が戦後になって言う。これに対して私が、「帰って来てから皆で飲むから、そのまま陸揚げしないで積んでおけ」と指示した。「その時、俺はそばにいた」と言って譲らない。

特攻作戦に出かける直前に、「帰って来てから特級黒松白鹿を飲む」と言ったとすると妙な話であるが、そう言われてみると、出発前、ほどなく死ぬんだという実感があまり湧かなかったのも事実である。

記録によると、四月七日〇三三〇大隅海峡通過、「大和」の周りに輪型陣をくんで、速力二六節《ノット》、〇七〇〇真南一八〇度の針路をとって、沖縄に向かった。一二〇〇頃からスプルーアンス大将麾下《きか》の、空を覆う戦爆雷機四〇〇機以上の猛攻撃を受けた。

特攻作戦が下令されたあと、私は「大和」から凧を借りてきた。「霞」の後甲板からこれを上空に舞い上げておいて、歴戦の部下に二五粍《ミリ》機銃の射撃演習をやらせた。まず砲術長が、模範を示すとばかり部下の前で自分で射ったら、すぐそこにある（だからこそ、さらに自信をつけさせるために行なった訓練射撃であるのに）凧に命中しないので、頭をかかえたのを覚えている。砲術長の腕がおかしいのか、乱造の機銃がおかしいのか、「誰か代われ」と言って、部下と共に陽気に笑ったのも覚えている。

この鍛えあげた機銃員の猛射も及ばず、目の前で「大和」は左舷からの集中攻撃で約一〇発の魚雷を打ち込まれて、天に冲する水柱を上げたあと、とうとう沈んでいった。沖縄には遠い徳之島の西方であった。

戦後逗子にお住まいの名和技術中将のお宅で、技術将校の方々を前にして、「黄色っぽい色をした水柱を吹き上げた」と言ったら、その中のお一人が色をなして、「発言に注意してもらいたい。『大和』は傾斜しても火薬が移動して自爆を起こすような設計はしていない。

だから水柱が黄色いはずがない」とつめよられた。

彫心鏤骨の作であった虎の子戦艦いまやなしと、いまさらのように情けない想いをした。

「大和」「矢矧」が沈んだら、敵機は駆逐艦にも向かってきて、「雪風」「冬月」「初霜」と、損傷を受けた「涼月」を残して、全艦が沈没または漂流の状況となって、作戦中止が下命された。米母艦群は攻撃機を収容して南に下った。南九州から飛ぶ特攻機の、薄暮攻撃を回避するためであった。

「霞」は艦橋後方に二発の爆弾を受けて浸水、一七名戦死、漂流しているところへ、「冬月」が白波を蹴立てて救援にかけつけてくれた。この「冬月」の山名寛雄艦長が、ついこの間まで「霞」の艦長であった。接舷して道板を渡して乗り移った。

この「冬月」の魚雷で「霞」を処分、沈めたのであるが、その「冬月」の魚雷が、庄司水雷長の観測によれば、あの後甲板に積んで揚げ残した特級酒黒松白鹿の真下に命中、瞬時にして「霞」は特級酒を抱いて沈んでいった。

それより先、「冬月」が近づいて「霞」の乗組員がこれに乗り移らんとしたときに、我が「霞」の松本正平艦長が私に、「士官室の金庫に入っているカネを持って移れ」と命令したのである。「この期に及んでカネとは」とは思ったが、上官の命令は天皇陛下の命令とあって、部下をつれて爆風でテーブルも椅子もひっくり返っている士官室に入って、金庫からカネを出して袋につめて、主計科の部下がこれをかついで「冬月」に乗り移った。

佐世保に上陸してしばらく全員仮住まいをしたが、やがて続々と部下、下士官、兵に転勤命令が届き出した。そのつど私は袋の中に手を突っ込んで、つかみガネの餞別を彼らに渡して、お互いの健闘を約した。このとき、何度も沈んで泳いだ経験から出た艦長の智恵を、はたと理解した。しかも、艦と共に沈んだはずの簿外のカネであるから、つかみガネは渡し放しであった。士官には一銭も渡さなかったように思う。

あれから五一年たった先日、主計長経験者に、「あの袋の中に小生は何円札で合計いかほどのカネをつめて『冬月』に乗り移ったのであろうか」と質問したら、「当時駆逐艦では一ヵ月約一二五〇〇円あれば事足りた。おそらく多くても三万円くらい袋につめてかついだのではないか。お札は当時一円札が主力で、イノシシと称した十円札が少々まじっていたかも知れないが、ざっと一円札を三万枚かついで移ったと思えばいいでしょう」とのことである。今や山名艦長も松本艦長も天上の人となった。

米軍は昭和二十年四月一日から嘉手納海岸に上陸を始めていた。これに対して陸海軍の航空部隊は、九州南部から特攻機を注ぎ込み、海軍の菊水特攻作戦は一次から一〇次に及んだ。「いずれ一億総攻撃ということになるのであるから、魁《さきがけ》になってもらいたい」というのが、特攻艦隊伊藤整一長官に対する、聯合艦隊司令部の示した作戦目的であったとされている。

記録を見ると、戦死者は三七二三名、特攻部隊乗組員六四七五名の五七・五パーセントである。

（「日本工業倶楽部会報」一七九号・平成八年十二月）

単行本　平成二十年一月「私観 大東亜戦争」改題　元就出版社刊

NF文庫

海軍兵学校生徒が語る太平洋戦争

二〇一七年五月 十五 日 印刷
二〇一七年五月二十一日 発行

著 者 三浦 節
発行者 高城直一
発行所 株式会社 潮書房光人社
〒102-0073 東京都千代田区九段北一-九-十一
振替／〇〇一七〇-六-五四六九三
電話／〇三-三二六五-一八六四(代)
印刷所 モリモト印刷株式会社
製本所 東 京 美 術 紙 工
定価はカバーに表示してあります
乱丁・落丁のものはお取りかえ
致します。本文は中性紙を使用

ISBN978-4-7698-3007-8 C0195
http://www.kojinsha.co.jp

NF文庫

刊行のことば

第二次世界大戦の戦火が熄《や》んで五〇年——その間、小社は夥しい数の戦争の記録を渉猟し、発掘し、常に公正なる立場を貫いて書誌とし、大方の絶讃を博して今日に及ぶが、その源は、散華された世代への熱き思い入れであり、同時に、その記録を誌して平和の礎とし、後世に伝えんとするにある。

小社の出版物は、戦記、伝記、文学、エッセイ、写真集、その他、すでに一、〇〇〇点を越え、加えて戦後五〇年になんなんとするを契機として、「光人社NF（ノンフィクション）文庫」を創刊して、読者諸賢の熱烈要望におこたえする次第である。人生のバイブルとして、心弱きときの活性の糧《かて》として、散華の世代からの感動の肉声に、あなたもぜひ、耳を傾けて下さい。